AF275184

COLEX

GRACIAS POR CONFIAR EN COLEX

Disfrute gratuitamente **DURANTE UN AÑO** de los eBook, audiolibros y Colex Copilot de las obras de Editorial Colex*

ACTIVA TU CÓDIGO PARA ACCEDER A LOS SERVICIOS

1. Accede a **www.colex.es**.

2. Inicia sesión o regístrate como usuario.

3. Dirígete al menú de usuario y haz clic en **«Mis códigos»**.

4. Introduce el siguiente código **(RASCA PARA VER EL CÓDIGO)**:

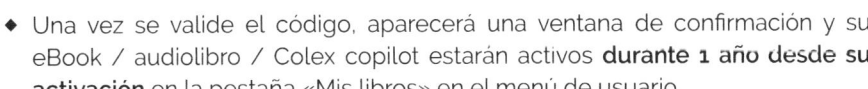

◆ Una vez se valide el código, aparecerá una ventana de confirmación y su eBook / audiolibro / Colex copilot estarán activos **durante 1 año desde su activación** en la pestaña «Mis libros» en el menú de usuario.

---

* Los audiolibros están disponibles en las ediciones más recientes de nuestras obras. Se excluyen expresamente las colecciones «Códigos comentados», «Biblioteca digital» y los productos de www.vademecumlegal.es. Colex Copilot únicamente está disponible en las ediciones más recientes de las colecciones «Paso a paso» y «Vademecum».

No se admitirá la devolución si el código promocional ha sido manipulado y/o utilizado.

¡Gracias por confiar en nosotros!

La obra que acaba de adquirir incluye de forma gratuita la versión electrónica.

Acceda a nuestra página web para aprovechar todas las funcionalidades de las que dispone en nuestro lector.

Funcionalidades eBook

Acceso desde cualquier dispositivo con conexión a internet

Idéntica visualización a la edición de papel

Navegación intuitiva

Tamaño del texto adaptable

Síguenos en:

NUEVA FUNCIONALIDAD CON INTELIGENCIA ARTIFICIAL EN LOS LIBROS DE COLEX

| Una cortesía de Iberley.es |

En Colex damos un paso más en innovación jurídica. Desde ahora, las guías «Paso a paso» y los «Vademecum» incorporan una nueva funcionalidad basada en **inteligencia artificial**, gracias a la tecnología de **Iberley IA**.

El lector podrá interactuar directamente con el contenido del libro de forma inmediata, útil y centrada exclusivamente en su materia.

☑ ¿Qué puede hacer el usuario en el libro?

💬 Realizar preguntas sobre el contenido del libro.

📚 Solicitar explicaciones de artículos, conceptos o normativa.

✳ Utilizar un ChatBot inteligente, contextualizado y acoplado al contenido legal del libro.

💡 Resolver dudas puntuales mientras se estudia o trabaja con la obra.

☒ ¿Qué no puede hacer esta versión del ChatBot?

✗ No permite generar escritos jurídicos.

✗ No analiza ni responde documentos externos.

✗ No responde a consultas de otras materias distintas a la del libro.

Esta herramienta está pensada para enriquecer la experiencia de lectura y consulta del libro. Su uso es exclusivo sobre su contenido.

¿QUIERES IR MÁS ALLÁ? DESCUBRE IBERLEY IA

Si necesitas una **solución avanzada de inteligencia legal**, con cobertura total de materias y documentos, entra en **www.iberley.es** y accede a todas las funcionalidades profesionales:

CUADRO SIMBÓLICO DE FUNCIONALIDADES		
Funcionalidad	**En los libros Colex**	**En Iberley.es**
Preguntar sobre el contenido del libro	✓	✓
Solicitar explicaciones jurídicas	✓	✓
ChatBot integrado al contenido del libro	✓	✓
Consultas sobre otras materias	✗	✓
Análisis de documentos externos	✗	✓
Generación de escritos jurídicos	✗	✓
Traducción jurídica	✗	✓
Informes y resúmenes legales automáticos	✗	✓
Contratos, guías prácticas y emails para clientes	✗	✓
Estrategias judiciales y jurisprudencia instantánea	✗	✓

RÉGIMEN ESPECIAL DE TRABAJADORES AGRARIOS

Guía práctica sobre el sistema especial para trabajadores agrarios por cuenta ajena y propia

RÉGIMEN ESPECIAL DE TRABAJADORES AGRARIOS

Guía práctica sobre el sistema especial para trabajadores agrarios por cuenta ajena y propia

2.ª EDICIÓN 2025

Obra realizada por el Departamento de Documentación de Iberley

COLEX 2025

© Editorial Colex, S.L.
Calle Costa Rica, número 5, 3º B (local comercial)
A Coruña, C.P. 15004
info@colex.es
www.colex.es

I.S.B.N.: 979-13-7011-224-0
Depósito legal: C 1319-2025

SUMARIO

ANEXO.
FORMULARIOS

0.
INTRODUCCIÓN

El Régimen Especial Agrario en España regula la cotización y derechos laborales de trabajadores por cuenta ajena y propia, adaptándose a su estacionalidad.

El Régimen Especial de Trabajadores Agrarios en España se caracteriza por su estructura diferenciada para trabajadores por **cuenta ajena** y trabajadores por **cuenta propia**, cada uno con sus particularidades en cuanto a cotización, afiliación y derechos a prestaciones.

El **Sistema Especial para Trabajadores por Cuenta Ajena Agrarios (SETCA)** se integra en el Régimen General de la Seguridad Social, abarcando tanto a los trabajadores como a los empresarios del sector agrario. Este sistema establece la obligación de cotizar durante los períodos de actividad e inactividad, con bases de cotización determinadas según el período y condiciones especiales para conceptos como la formación profesional y situaciones de incapacidad temporal, nacimiento de menor, riesgo durante el embarazo y lactancia natural. Además, se prevén recargos en la cotización para contratos de corta duración y una base mínima de cotización diaria, independientemente del número de horas trabajadas.

Por otro lado, el **Sistema Especial para Trabajadores por Cuenta Propia Agrarios (SETA)** busca equiparar progresivamente a estos trabajadores con los del Régimen Especial de Trabajadores Autónomos. La inclusión en este sistema requiere una declaración responsable del cumplimiento de los requisitos, y la cotización se adapta a los ingresos reales. Las contingencias comunes y profesionales son de cobertura voluntaria, con tipos de cotización específicos según la base elegida. Además, se contemplan incentivos y medidas de fomento del trabajo autónomo, como reducciones de cuotas para familiares del titular de la explotación agraria.

Nuestra obra nace con la intención de desgranar los sistemas existentes en el sector agrario desde la retribución y cotización a la Seguridad Social hasta la gestión de trámites y documentación, buscando facilitar la adaptación a las necesidades de un sector con un calendario de trabajo irregular y estacional. Para ello trataremos aspectos como:

- **Modelo retributivo especial.** Los sistemas especiales del sector agrario implementan un modelo retributivo adaptado a la naturaleza de las actividades agrícolas. Esto incluye la retribución por jornada y la adaptación a los periodos de actividad e inactividad, lo que permite una mayor flexibilidad en la gestión de los salarios de los trabajadores agrarios.

- La irregularidad en la prestación de servicios se refleja en la gestión laboral y de la Seguridad Social, permitiendo una mayor flexibilidad en la organización del trabajo y en la cotización.

- **Régimen de cotización diferenciado.** Se establecen reglas de cotización a la Seguridad Social distintas al régimen general, teniendo en cuenta la estacionalidad de las labores agrarias y la posibilidad de períodos de inactividad. Esto permite ajustar las cotizaciones a la realidad del trabajo agrario, que no siempre es constante a lo largo del año.

- **Trámites específicos de afiliación.** Los sistemas especiales del sector agrario implican trámites particulares para la afiliación y baja en la Seguridad Social, como la inclusión o exclusión del censo agrario, así como la comunicación mensual de jornadas trabajadas y previstas. Estos trámites están diseñados para reflejar con precisión la situación laboral de los trabajadores agrarios.

- **Documentación propia del sector.** La gestión de documentación específica para el sector agrario es esencial, incluyendo certificados del INSS, contratos de arrendamiento, entre otros. Esta documentación es necesaria para cumplir con las normativas y asegurar la correcta gestión de las explotaciones agrarias.

- **Prestación por incapacidad temporal y desempleo.** Los sistemas especiales del sector agrario establecen mecanismos de cálculo de las prestaciones por incapacidad temporal adaptados a las particularidades de las labores agrarias y desempleo adaptados a la estacionalidad de las prestación de servicios.

1.
ACTIVIDADES AGRARIAS Y PRIMERA APROXIMACIÓN A SUS FIGURAS

Se establecerán **regímenes especiales** en aquellas actividades profesionales en las que, por su naturaleza, sus peculiares condiciones de tiempo y lugar o por la índole de sus procesos productivos, se hiciera preciso tal establecimiento para la adecuada aplicación de los beneficios de la Seguridad Social.

1.1. El sistema de la Seguridad Social y su división entre Régimen General y Regímenes Especiales

El artículo 9 de la Ley General de la Seguridad Social, referido a la estructura del sistema de la Seguridad Social, establece una división inicial entre el Régimen General y los regímenes especiales del sistema de la Seguridad Social.

Atendiendo a lo expuesto, el sistema de la Seguridad Social se encuentra, integrado por dos regímenes:

- **Régimen general**: en el que se engloban las personas trabajadoras por cuenta ajena y las asimiladas a ellas, es decir, los trabajadores que voluntariamente presten sus servicios retribuidos por cuenta ajena y dentro del ámbito de organización y dirección de otra persona, física o jurídica, denominada empleador o empresario (art. 1.1 del ET) independientemente de la modalidad contractual. En este régimen general, se ha optado por incluir una serie de **sistemas especiales integrados** con peculiaridades propias:
  - » Sistema especial de trabajadores cuenta ajena agrarios (SETCA), que trataremos a lo largo de la obra.
  - » Sistema especial para empleados de hogar.
  - » Sistema especial de manipulado y empaquetado de tomate fresco destinado a la exportación.
  - » **Otros sistemas** especiales (industria resinera; cines, salas de baile y de fiesta y discotecas; frutas, hortalizas e industria de conservas vegetales; servicios extraordinarios de hostelería; tareas de manipulado y empaquetado de tomate fresco; etc.).

- **Regímenes especiales**: para determinadas actividades profesionales por su naturaleza, peculiares condiciones de tiempo y lugar o índole de sus procesos productivos, se hace preciso el establecimiento regímenes especiales de la Seguridad Social. Se considerarán regímenes especiales los que encuadren a los grupos siguientes:

  » **Trabajadores por cuenta propia o autónomos (RETA)**. Dentro de este régimen especial, con efectos desde 1 de enero de 2008, se crea el Sistema Especial para Trabajadores por Cuenta Propia Agrarios (SETA), en el que quedaron incluidos los **trabajadores por cuenta propia agrarios, que trataremos a lo largo de la obra.**

  » **Funcionarios públicos, civiles y militares.**

  » **Estudiantes.**

  » Aquellos **grupos que determine el Ministerio de Empleo y Seguridad Social**, por considerar necesario el establecimiento para ellos de un régimen especial.

A TENER EN CUENTA. En aquellos regímenes de la Seguridad Social en que así resulte necesario, podrán establecerse sistemas especiales exclusivamente en alguna o algunas de las siguientes materias: encuadramiento, afiliación, forma de cotización o recaudación (art. 11 de la LGSS).

1.2. Definiciones y conceptos clave para entender el REA

El Sistema Especial Agrario unifica cotizaciones y regulaciones para trabajadores agrarios, clarificando conceptos clave que definen su actividad.

Antes de entrar en las peculiaridades propias de los trabajadores agrarios, procederemos a enumerar algunas definiciones o glosario de términos que ayudan a comprender los conceptos que pueden generar dudas:

Sistema Especial Agrario del Régimen General de la Seguridad Social (SETCA)

Sistema especial de cotización donde se integraron los trabajadores por cuenta ajena agrarios incluidos en el antiguo Régimen Especial Agrario, así como los empresarios a los que prestan sus servicios, con efectos de 1 de enero de 2012.

Sistema Especial de Trabajadores Agrarios (SETA)

Sistema Especial creado por el derogado art. 2 de la Ley 18/2007, de 4 de julio, de integración de los trabajadores por cuenta propia del Régimen Especial Agrario de la Seguridad Social en el Régimen Especial de la Seguridad Social de los Trabajadores por Cuenta Propia o Autónomos (RETA).

Persona empleadora

A los efectos de este Régimen Especial, se considerará empresario a toda persona, natural o jurídica, pública o privada, que sea titular de una explotación agraria. En cualquier caso se reputará empresario a quien ocupe trabajadores por cuenta ajena en labores agrarias. (Decreto 3772/1972, de 23 de diciembre).

El titular de la explotación podrá serlo por su condición de propietario, arrendatario, aparcero u otro concepto análogo, de las fincas que constituyen la respectiva explotación.

Sobre el empresario recaerán directamente las obligaciones de inscripción de los trabajadores en la Seguridad Social, así como también las establecidas, en materia de cotización y recaudación.

Sector agrario

Según el INSST, se incluyen en el sector agrario la «agricultura, ganadería, caza y servicios relacionados con las mismas» y la «silvicultura y otras actividades forestales».

Explotación agraria

El conjunto de bienes y derechos organizados por su titular en el ejercicio de la actividad agraria, y que constituye en sí misma una unidad técnico-económica, pudiendo el titular de la explotación serlo por su condición de propietario, arrendatario, aparcero, cesionario u otro concepto análogo, de las fincas o elementos materiales de la respectiva explotación agraria.

Actividad agraria

Conjunto de trabajos que se requiere para la obtención de productos agrícolas, ganaderos y forestales.

También se considerará actividad agraria: la venta directa por parte de la agricultora o agricultor de la producción propia sin transformación o la primera transformación de los mismos cuyo producto final esté incluido en el anexo I del artículo 38 del Tratado de funcionamiento de la Unión Europea, dentro de los elementos que integren la explotación, en mercados municipales o en lugares que no sean establecimientos comerciales permanentes, considerándose también la actividad agraria toda aquella que implique la gestión o la dirección y gerencia de la explotación.

Explotaciones agrarias prioritarias (EAP)

Una Explotación Agraria Prioritaria (EAP) es aquella que cumple con ciertos requisitos específicos que permiten su clasificación como tal, con el objetivo de obtener beneficios y ayudas previstas por la legislación. Según la Ley 19/1995, de 4 de julio, de Modernización de las Explotaciones Agrarias, una explotación agraria se considera prioritaria si posibilita la ocupación de al menos una unidad de trabajo agrario y si la renta unitaria de trabajo obtenida es igual o superior al 35% de la renta de referencia e inferior al 120% de esta. Además, el titular de la explotación, ya sea una persona física, una comunidad hereditaria o una forma asociativa, debe cumplir con los requisitos establecidos en los artículos 4 y 5 de la mencionada ley. Además, el titular ha de reunir los siguientes requisitos:

- Ser agricultor profesional.

- Poseer un nivel de capacitación agraria suficiente, para cuya determinación se conjugarán criterios de formación lectiva y experiencia profesional.

- Haber cumplido dieciocho años y no haber cumplido la edad ordinaria de jubilación que corresponda según los arts. 204, 215 y D.T. 7.ª de la LGSS.

- Estar dado de alta en el Régimen Especial Agrario de la Seguridad Social o en el Régimen Especial de Trabajadores por cuenta propia o autónomos en función de su actividad agraria. Los agricultores profesionales que no estén encuadrados en los regímenes anteriores deberán cumplir los requisitos indicativos de su profesionalidad agraria establecidos a estos efectos por las comunidades autónomas.

- Residir en la comarca en donde radique la explotación o en las comarcas limítrofes definidas por la legislación autonómica sobre organización territorial. En su defecto, se tendrá en cuenta la comarcalización agraria establecida en el Censo Agrario del Instituto Nacional de Estadística. Este requisito de residencia se entiende salvo caso de fuerza mayor o necesidad apreciada por las comunidades autónomas.

En caso de matrimonio, la titularidad de la explotación podrá recaer, a estos efectos, en ambos cónyuges, siendo suficiente que uno de ellos reúna los requisitos indicados en el apartado anterior. Asimismo, las explotaciones agrarias que cumplan estos requisitos tienen preferencia en la obtención de beneficios, ayudas y otras medidas de fomento previstas en la legislación

Agricultor profesional

La persona física que siendo titular de una explotación agraria obtenga, al menos, el 50 por 100 de su renta total de actividades agrarias u otras actividades complementarias, siempre y cuando la parte de renta procedente directamente de la actividad agraria realizada en su explotación no sea inferior al 25 por 100 de su renta total y el tiempo de trabajo dedicado a actividades agrarias o complementarias sea superior a la mitad de su tiempo de trabajo total.

Titulares de explotaciones agrarias

Personas físicas o jurídicas que asumen el riesgo de una explotación agrícola dirigiéndola ella misma o mediante otra persona, se considera titular al propietario cuando la gestione, al arrendatario, al aparcero o a aquel que la dirija.

Períodos de actividad

Periodo en el que el trabajador agrario por cuenta ajena presta servicios. Las bases de cotización, tanto mensuales como diarias, se determinarán igual que en el Régimen General, con aplicación de los tipos de cotización fijados para esta situación.

Períodos de inactividad

Periodo en el que el trabajador agrario por cuenta ajena no presta servicios. Durante este periodo se cotizará por la base mínima del grupo 7 de cotización vigente en cada momento, con aplicación de los tipos de cotización fijados para esta situación.

Se entenderá que existen períodos de inactividad dentro de un mes natural cuando el número de jornadas reales en él realizadas sea inferior al 76,67 por ciento de los días naturales en que el trabajador figure incluido en el Sistema Especial en dicho mes. (Art. 253.1 de la LGSS).

Jornadas reales

Las «jornadas reales» se refieren a los días efectivamente trabajados por un trabajador agrario y al sistema de cotización en función de las mismas.

Para la inclusión en el Sistema Especial para Trabajadores por Cuenta Ajena Agrarios tanto durante los períodos en que efectúen labores agrarias como durante los períodos de inactividad en tales labores, se exigirá la realización de un mínimo de 30 jornadas reales en un período continuado de 365 días.

Se asimilarán a jornadas reales los días en que el trabajador se encuentre en situaciones de incapacidad temporal derivada de contingencias profesionales, nacimiento y cuidado de menor, riesgo durante el embarazo y riesgo durante la lactancia natural, percepción de prestación por desempleo y los días en que se encuentre en alta en algún régimen de la Seguridad Social como consecuencia de programas de fomento de empleo agrario.

Trabajadores temporeros

Personas trabajadoras, por lo general relacionadas con el campo y la agricultura, que se dedican a un empleo durante una determinada temporada del año.

Trabajador por cuenta ajena agrario

Aquellos que realicen labores agrarias, sean propiamente agrícolas, forestales o pecuarias o sean complementarias o auxiliares de las mismas en explotaciones agrarias con carácter retribuido por cuenta ajena, dentro del ámbito de organización y dirección de otra persona física o jurídica. (Decreto 3772/1972, de 23 de diciembre).

Trabajador por cuenta propia agrario

Titulares de explotaciones agrarias y realicen en ellas labores agrarias de forma personal y directa. (Decreto 3772/1972, de 23 de diciembre).

Labores agrarias

Obtención directa de los frutos y productos y las complementarias asimiladas a estas, entre los que se encuentran los almacenamientos en los lugares de origen, transporte a los lugares de acondicionamiento y las de primera transformación.

Censo agrario

Creado por el Decreto 2123/1971, de 23 de julio (actualmente derogado), se establecía la obligación de estar inscrito y de cotizar al Régimen Especial Agrario. En el censo deberían estar inscritos todos los trabajadores (tanto por cuenta ajena como propia) y la inclusión en el mismo no producía por sí misma el nacimiento de su derecho a disfrutar de las prestaciones, sino que como requisito indispensable era necesario estar al corriente de las cuotas. Con la Ley 28/2011, de 22 de septiembre, (derogada) por la que se procede a la integración del Régimen Especial Agrario de la Seguridad Social en el Régimen General de la Seguridad Social, los trabajadores incluidos en tal censo quedarían incorporados en el Sistema Especial para trabajadores por cuenta ajena agrarios con efectos de 1 de enero de 2012. Este censo tuvo especial relevancia, pero actualmente se encuentra suprimido por las diversas modificaciones operadas a lo largo de los años y por la profunda transformación que sufrió el antiguo Régimen Especial Agrario hasta la actualidad.

Titularidad compartida en las explotaciones agrarias

Unidad económica, sin personalidad jurídica y susceptible de imposición a efectos fiscales, que se constituye por un matrimonio o pareja unida por análoga relación de afectividad, para la gestión conjunta de la explotación agraria.

Subsidio por desempleo del Real Decreto 5/1997, de 10 de enero

Serán beneficiarios de este subsidio los trabajadores por cuenta ajena de carácter eventual incluidos en el Régimen Especial Agrario de la Seguridad Social (REASS).

Diversa normativa viene estableciendo la reducción del número mínimo de jornadas cotizadas para acceder al subsidio por desempleo en Andalucía y Extremadura (Real Decreto-ley 18/2022, de 18 de octubre, Real Decreto-ley 4/2022, de 15 de marzo, Ley 8/2020, de 16 de diciembre, etc).

Renta agraria

Prestación económica dirigida a los trabajadores por cuenta ajena de carácter eventual incluidos en el Régimen Especial Agrario de la Seguridad Social, considerando como tales a quienes estén inscritos en el censo de dicho Régimen y sean contratados por tiempo determinado para la realización de labores agrarias, que se encuentren desempleados y reúnan unos requisitos específicos.

Prestación por cese de actividad

Prestación de desempleo a la que tienen derecho los trabajadores por cuenta propia o autónomos cuando cesan su actividad por alguna de las causas que establecen los arts. 327-350 de la LGSS y en sus normas de desarrollo, así como, supletoriamente, por las normas que regulan el régimen especial de la Seguridad Social de encuadramiento.

Las condiciones y los supuestos específicos por los que se rige el sistema de protección de los trabajadores por cuenta propia incluidos en el Sistema

Especial de Trabajadores por Cuenta Propia Agrarios se desarrollarán reglamentariamente.

Situación asimilada al alta

Son situaciones asimiladas al alta las que se crean para los supuestos de suspensión de la actividad laboral o extinción del contrato de trabajo con baja en la Seguridad Social que permitan mantener una relación con la mencionada entidad, protegiendo así los intereses del trabajador. Estas situaciones producen los mismos efectos que un alta efectiva en la Seguridad Social respecto al devengo de la prestación, pudiendo influir sobre la fecha de inicio o el plazo de solicitud.

Tipo de cotización

Porcentaje que se aplica a las bases de cotización establecidas anualmente para la obtención de la cuota de la Seguridad Social.

Cuota de cotización

Cantidades a ingresar a la Seguridad Social calculadas aplicando a la base de cotización del trabajador el porcentaje o tipo de cotización que corresponde por cada contingencia protegida.

Base de cotización

Concepto definido en el art. 147 de la Ley General de la Seguridad Social como: «la remuneración total, cualquiera que sea su forma o denominación, tanto en metálico como en especie, que con carácter mensual tenga derecho a percibir el trabajador o asimilado, o la que efectivamente perciba de ser esta superior, por razón del trabajo que realice por cuenta ajena».

Anualmente se establecen unas bases de cotización mínimas y máximas (mensuales o diarias) para las distintas contingencias y categorías profesionales.

En el caso de las personas trabajadoras por cuenta propia o autónomas incluidas en el Sistema Especial para Trabajadores por Cuenta Propia Agrarios [art. 305.2 a) de la LGSS] cotizarán en función de los rendimientos anuales obtenidos en el ejercicio de sus actividades económicas, empresariales o profesionales, en los términos señalados en el art. 308 de la LGSS y la orden anual de cotización.

Mutua de Accidentes de Trabajo y Enfermedades Profesionales de la Seguridad Social

Empresas sin ánimo de lucro que colaboran con el sistema de Seguridad Social en la gestión de las prestaciones por contingencias profesionales del sistema de Seguridad Social. Estos entes han asumido la gestión de la prestación de **incapacidad temporal** por contingencias comunes, las prestaciones de **riesgo durante el embarazo** y **riesgo durante la lactancia natural**, el **cese de actividad** de los trabajadores autónomos y la prestación de **cuidado de menores afectados por cáncer** u otra enfermedad grave.

Contingencias profesionales

Aquellos sucesos que tienen su origen en el desarrollo de una actividad laboral y que producen alteraciones de la salud que tengan la consideración de accidente de trabajo o de enfermedad profesional, distinguiéndose entre accidente de trabajo [*«toda lesión corporal que el trabajador sufra con ocasión o por consecuencia del trabajo que ejecute por cuenta ajena o propia»* (art. 156 de la LGSS)] y enfermedad profesional [*«la contraída a consecuencia del trabajo ejecutado por cuenta ajena, en las actividades que se especifiquen en el cuadro de enfermedades profesionales que se apruebe por las disposiciones de aplicación, y que proceda por la acción de elementos o sustancias que en dicho cuadro se indiquen para cada enfermedad profesional»* (art. 157 del LGSS)].

Programa de Fomento del Empleo Agrario

El objetivo del Programa de Fomento del Empleo Agrario es el fomento del empleo de las personas desempleadas, preferentemente eventuales incluidas en el Sistema Especial para Trabajadores por Cuenta Ajena Agrarios de la Seguridad Social, mediante subvenciones concedidas por el Servicio de Empleo Público Estatal a favor de las corporaciones locales y/o sus entidades dependientes o vinculadas ubicadas en: Andalucía, Extremadura, Zonas Rurales Deprimidas y en la Comunidad Autónoma de Aragón a efectos del Plan Especial de Aragón. (SEPE).

1.3. Campo de aplicación de los trabajadores agrarios

Los trabajadores agrarios se encuentran actualmente divididos en dos grupos diferenciados: trabajadores por cuenta ajena agrarios y trabajadores por cuenta propia agrarios, siendo la normativa de cabecera fundamental el actual Real Decreto Legislativo 8/2015, de 30 de octubre, por el que se aprueba el texto refundido de la Ley General de la Seguridad Social.

Tras los distintos procesos de integración que analizaremos, a los efectos de nuestra obra, dividiremos los trabajadores agrarios en dos grandes grupos: trabajadores por cuenta ajena agrarios y trabajadores por cuenta propia agrarios, siendo la actual normativa de cabecera fundamental el Real Decreto Legislativo 8/2015, de 30 de octubre, por el que se aprueba el texto refundido de la Ley General de la Seguridad Social. No obstante, debemos recurrir, al menos con la intención de situarnos en el entorno de análisis, a definir un concepto que, a lo mejor por sencillo, ha supuesto cierta controversia histórica a la hora de encuadrar, o dejar fuera, a las personas trabajadoras en este régimen: las **actividades agrarias**.

El vigente pero parcialmente derogado Decreto 3772/1972, de 23 de diciembre, por el que se aprueba el Reglamento General del Régimen Especial Agrario de la Seguridad Social, especifica la inclusión en el Régimen Especial

Agrario de la Seguridad Social de todos los trabajadores españoles, cualquiera que sea su sexo y estado civil, que en forma habitual y como medio fundamental de vida realicen labores agrarias, sean propiamente agrícolas, forestales o pecuarias, dentro del territorio nacional.

Se consideran labores agrarias en virtud del art. 8 del Decreto 3772/1972, de 23 de diciembre:

- Las que persiguen la obtención directa de los frutos y productos agrícolas, forestales o pecuarios.
- Almacenamiento de los referidos frutos y productos en los lugares de origen.
- Transporte a los lugares de acondicionamiento y acopio, sin que ninguna operación posterior a la de almacenamiento pueda ser considerada agraria a excepción de las de primera transformación.
- Las de primera transformación que reúnan las condiciones siguientes:
  - » Que constituyan un proceso simple que modificando las características del fruto o producto y sin incorporación de otro distinto lo convierta, ya sea en bien útil para el consumo, ya sea en elemento susceptible de experimentar sucesivos tratamientos.
  - » Que el número de horas de trabajo que se dedique a estas labores desde que se inician las de primera transformación sea inferior a un tercio del que se dedicó a las labores agrarias anteriores para obtener la misma cantidad de producto.

Será requisito indispensable para considerar agrarias las operaciones citadas en el número anterior que recaigan, única y exclusivamente, sobre frutos y productos obtenidos directamente en las explotaciones agrícolas, forestales o pecuarias, cuyos titulares realicen las indicadas operaciones individualmente o en común mediante cualquier clase de agrupación, incluidas las que adopten la forma de cooperativa o de grupo sindical.

Por el contrario, **están excluidas de tal consideración** (art. 9 y 10 del Decreto 3772/1972, de 23 de diciembre):

- El cultivo de productos agrícolas realizado en instalaciones situadas en espacios no sujetos a contribución territorial rústica y pecuaria (actualmente este impuesto ha sido sustituido por el Impuesto sobre Bienes Inmuebles).
- La actividad que persiga la obtención de productos pecuarios llevada a cabo en granjas o establecimientos similares cuyos elementos de producción constituyan una unidad económica por darse alguna de las siguientes condiciones:
  - » Que la granja, establecimiento o explotación no esté sujeto a contribución territorial rústica y pecuaria.
  - » Que en la actividad predominen las expresadas actividades sobre el aprovechamiento de los pastos, vuelo o cultivo de secano o regadío del predio en que esté enclavada la granja o establecimiento análogo. No obstante, el Tribunal Supremo, si bien de forma un

tanto confusa y no uniforme, consideró que tal exclusión llevada a cabo por la norma reglamentaria es ilegal por añadir un requisito respecto de la actividad pecuaria (que sea complementaria de la agrícola) no existente en la norma de rango legal (STS, rec. 689/1992, de 6 de abril 1993, 20 de abril de 1994, entre otras).

CUESTIONES

1. La actividad de una empresa maderera, ¿puede considerarse actividad agraria?

Atendiendo a la **STSJ de Cantabria n.º 181/2004, de 23 de febrero de 2004, ECLI:ES:TSJCANT:2004:294**, no:

«Se declarará indebido el encuadramiento de los actores en el Régimen Especial Agrario por cuenta ajena de la Empresa demandada, declarando el encuadramiento en el Régimen General de la Seguridad Social. La empresa demandada tiene por objeto social la compraventa, importación y exportación, así como la explotación de toda clase de maderas y demás materiales similares, naturales o sintéticos, de aplicación similar, por cuenta propia o en comisión, plantaciones y explotaciones forestales, aserraderos y carpintería, así como los transportes y demás actividades relacionadas con el comercio e industria de la madera. De este objeto social se desprende con nitidez que la empresa principal desenvuelve su actividad entre otros campos, en el de la explotación de toda clase de maderas y en la industria de la madera, por lo que de conformidad con la doctrina transcrita es en el Régimen General en el que deben estar encuadrados los actores por ser la actividad de la empresa marcadamente industrial».

2. ¿Cómo se puede acreditar la actividad agraria?

La actividad agraria sobre las superficies agrarias de la explotación podrá acreditarse mediante la producción, cría o cultivo de productos agrarios, con inclusión de la cosecha, el ordeño, la cría de animales, o mediante el mantenimiento de las superficies agrarias en estado adecuado para el pasto o el cultivo sin ninguna acción preparatoria que vaya más allá de los métodos y maquinaria agrícolas empleados de forma habitual. Dicha actividad deberá realizarse en cada parcela agraria o recinto agrario que el solicitante declare en su solicitud (art. 11 del Real Decreto 1075/2014, de 19 de diciembre).

3. ¿Se ha eliminado el requisito de habitualidad y medio fundamental de vida en el Régimen Especial Agrario?

No se ha eliminado el requisito de habitualidad ni el concepto de "medio fundamental de vida" en el Régimen Especial Agrario, sino que estos conceptos permanecen vigentes y continúan siendo considerados en la interpretación y aplicación de la normativa correspondiente.

La parcialmente derogada Ley 28/2011, de 22 de septiembre, por la que se procede a la integración del Régimen Especial Agrario de la Seguridad Social en el Régimen General de la Seguridad Social, elimina (ya en su preámbulo) el requisito de la habitualidad y medio fundamental de vida a efectos de encuadramiento en el Régimen General de la Seguridad Social los trabajadores por cuenta ajena. No obstante, esta supresión «no es plena, al menos en lo que refiere a la habitualidad, en la medida en que el art. 2, apartados 3 y 6 de la Ley 28/2011 establecían la exigencia para quedar incluido o reincorporarse al sistema especial durante los periodos de inactividad que el trabajador deberá de haber realizado un mínimo de 30 jornadas reales en un periodo de 365 días. En la actualidad, el art. 253.2 de la LGSS mantiene esta exigencia al señalar que "Para quedar incluido en este sistema especial durante los períodos de inactividad serán requisitos necesarios que el trabajador haya realizado un mínimo de 30 jornadas reales en un período continuado de trescientos sesenta y cinco días y que solicite expresamente la inclusión dentro de los tres meses naturales siguientes al de la realización de la última de dichas jornadas"». Fuente: Informe Diez años de integración del Régimen Especial Agrario (REASS) dentro del Régimen General de la Seguridad Social. Octubre 2021.

Del mismo modo, la STSJ de Andalucía, rec. 158/2023, de 17 de enero del 2024, ECLI:ES:TSJAND:2024:850, aborda la cuestión de la habitualidad y su relevancia para el encuadramiento en el Régimen Especial de Trabajadores Autónomos (RETA), en especial dentro del contexto agrario. La sentencia ratifica que el requisito de habitualidad sigue siendo fundamental para determinar la inclusión de un trabajador en dicho régimen.

Si bien es cierto que la parte recurrente argumenta que sus ingresos netos no han superado el salario mínimo interprofesional, el tribunal reafirma que la habitualidad debe ser evaluada no solo a partir de los ingresos netos, sino también mediante otros indicadores, tales como los ingresos brutos y la frecuencia de la actividad desarrollada.

La doctrina reiterada de la STS, rec. 406/1997, de 29 de octubre de 1997, ECLI:E-CLI:ES:TS:1997:6441, permite que el montante de la retribución se considere un criterio apto para apreciar la habitualidad. La resolución actual no elimina estos requisitos, sino que continúa reconociendo que la habitualidad es una condición esencial y que se evalúa en función de múltiples factores, siendo los ingresos una pieza más del total del análisis.

4.- Posibles dudas a la hora de encuadrar la actividad de la empresa en el Régimen Especial Agrario o el Régimen General de la Seguridad Social

A los efectos del art. 7 del Decreto 3772/1972, de 23 de diciembre, se considera empresario:

- A toda persona, natural o jurídica, pública o privada, que sea titular de una explotación agraria. En cualquier caso, se reputará empresario a quien ocupe trabajadores por cuenta ajena en labores agrarias.

- El titular de la explotación podrá serlo por su condición de propietario, arrendatario, aparcero u otro concepto análogo, de las fincas que constituyen la respectiva explotación.

El art. 10.2. del Real Decreto 84/1996, de 26 de enero, considera empresario en el Régimen Especial Agrario, «a quien ocupe trabajadores por cuenta ajena en las labores agrarias determinadas en las normas reguladoras del campo de aplicación de dicho Régimen, sea con el carácter de propietario, arrendatario, aparcero u otro concepto análogo».

Ante la duda sobre la aplicación del REA o RGSS recomendamos atender al carácter agrícola de las labores realizadas, y no tanto en que el empleador sea titular de la explotación. A pesar de que cierta jurisprudencia —y en múltiples ocasiones la TGSS— utiliza como base el Decreto 3772/1972, de 23 de diciembre, manifestando que la aplicación del régimen especial agrario se circunscribe solo a la explotación agraria del propio empresario, sin alcanzar la prestación de servicios a terceros, esta visión (derivada de una norma de 1972) dejaría fuera nuevas figuras que han surgido desde entonces en las relaciones laborales (por ej. las contratas). En este sentido:

- STS, rec. 6126/2003, de 09 de diciembre de 2004, ECLI:ES:TS:2004:7934: la cuestión consiste en determinar si el encuadramiento de trabajadores en el Régimen Especial Agrario procede respecto de las empresas en función exclusiva de la actividad por ellas desarrolladas, o si, por el contrario, no depende tanto de la actividad sino del hecho de que sean o no titulares del suelo en el que se desarrolla aquella actividad, siendo sobre esta diferente apreciación sobre la que se basa la distinta interpretación que hacen las sentencias comparadas de los mismos preceptos. Concluye la Sala que con independencia de la titularidad o no de la finca, y teniendo en cuenta la verdadera actividad de la empresa para la que trabajan los actores, si bien se puede afirmar que tenía relación con actividad forestales, lo que no se puede sostener es que tuviera carácter y naturaleza de empresa forestal por cuanto su fin económico no era la plantación, cuidado y explotación de un bosque, sino otra actividad de naturaleza comercial, industrial o de servicios realmente desconectada de lo que es la producción agrícola o ganadera que es lo que cubre el Régimen Especial Agrario. Por lo tanto, no estamos en presencia de una actividad propiamente agrícola sino ante una situación asimilada.

– Auto del Tribunal Supremo, rec. 5112/2003, de 17 de mayo de 2004, ECLI:ES:TS:2004:6341A: solo la titularidad de una explotación de tal clase —sea por la propiedad del terreno o por otro título jurídico— nos sitúa dentro del ámbito del Régimen Agrario en relación con los trabajadores contratados para el servicio de explotación, siempre que esta no sea accesoria de otra actividad principal de naturaleza no agraria.

– STSJ Canarias Social n.º 28/2004, de 23 de enero de 2004, ECLI:ES:TSJICAN:2004:156: el TSJ confirma la procedencia de pretensión instada por trabajador que presta sus servicios profesionales para la empresa demandada, con la categoría profesional de ayudante de mecánico, estando afiliado al Régimen General Agrario de la Seguridad Social y solicita su derecho a figurar afiliado al Régimen General de la Seguridad Social desde el inicio de la relación laboral, al desestimar el recurso interpuesto por la empresa demandada. Basa la Sala su pronunciamiento en que, dado que las tareas de manipulado y envasado que se realizan en los centros en los que simplemente se empaqueta la fruta son segunda transformación y no son consideradas como agrarias, la Sala concluye que el actor no está adscrito a una explotación agraria ni realiza las tareas propias de la misma, por lo que debe estar encuadrado en el Régimen General y no en el Especial Agrario de la Seguridad Social.

RESOLUCIONES RELEVANTES

STSJ de Andalucía n.º 262/2012, de 26 de enero, ECLI:ES:TSJAND:2012:258

Analizando el encuadramiento de un trabajador en el Régimen Especial Agrario, la sentencia establece que la empresa que tiene por objeto social «la explotación de bosques, trabajos de forestación y realización de trabajos y servicios especializados de tipo forestal, la preparación y transformación de productos forestales, la explotación mercantil y comercialización en todos los órdenes de los productos forestales, sus derivados y subproductos, y los estudios y proyectos forestales, así como toda operación o negocio de lícito comercio relacionados directa o indirectamente con dichas actividades es de naturaleza agraria, (...) es de naturaleza agraria de acuerdo con el objeto social que figura en los hechos probados, e igualmente que las labores que efectúa el actor son también de naturaleza agraria, y, por tanto, siendo el criterio determinante de la inclusión en el Régimen General Agrario las labores agrícolas, según el artículo 2º del Decreto 2123/1.971, resulta incuestionable que el actor se encontraba correctamente encuadrado en el Régimen Especial Agrario (...)».

STSJ de la Comunidad Valenciana n.º 255/2010, de 3 de marzo de 2010, ECLI:ES:TSJCV:2010:1008

Encuadramiento en el REA de la Seguridad Social de una granja como labor agrícola: «De acuerdo con dicha doctrina, y tomando en consideración la circunstancia de que la empresa apelante no transforma los productos obtenidos en la granja limitándose a vender la leche a diferentes empresas extremo este que no se ha cuestionado por la Tesorería, procederá la estimación de la presente apelación declarando por tanto el derecho que tiene la empresa a su encuadre en el Régimen Especial Agrario de la Seguridad Social (...)».

1. Trabajadores por cuenta ajena agrarios

Sistema Especial para Trabajadores por Cuenta Ajena Agrarios (SET-CAA) (Art. 252 de la LGSS)	**Ámbito de aplicación** • Trabajadores por cuenta ajena que figuren incluidos en el Régimen Especial Agrario de la Seguridad Social a 31 de diciembre de 2011. • Trabajadores por cuenta ajena que realicen labores agrarias, sean propiamente agrícolas, forestales o pecuarias o sean complementarias o auxiliares de las mismas en explotaciones agrarias. • Empresarios a los que presten sus servicios los trabajadores por cuenta ajena citados. • Exclusión: no tendrán la consideración de labores agrarias las operaciones de manipulado, empaquetado, envasado y comercialización del plátano, a que se refiere el artículo 136.2 g) de la LGSS, aunque para el mismo empresario presten servicios otros trabajadores dedicados a la obtención directa, almacenamiento y transporte a los lugares de acondicionamiento y acopio del propio producto y todo ello, sin perjuicio de lo establecido respecto de su venta en el último párrafo del artículo 2.1 de la Ley 19/1995, de 4 de julio, de Modernización de las Explotaciones Agrarias.

A TENER EN CUENTA. La D.A. 10.ª de la LETA se refiere al encuadramiento en la Seguridad Social de los familiares del trabajador autónomo, aclarando que los trabajadores autónomos podrán contratar, como trabajadores por cuenta ajena, a los hijos menores de treinta años, aunque estos convivan con el trabajador autónomo y quedando excluida la cobertura por desempleo de los mismos (art. 12 y 324.4 de la LGSS). Del mismo modo, se otorgará el mismo tratamiento a los hijos que, aun siendo mayores de 30 años, tengan especiales dificultades para su inserción laboral en los términos concretados en el 12 de la LGSS.

Quedarán incluidos (art. 3 del Decreto 3772/1972, de 23 de diciembre) los trabajadores mayores de 16 años que realicen labores agrarias con carácter retribuido por cuenta ajena, dentro del ámbito de organización y dirección de otra persona física o jurídica:

- Los pastores, guardas rurales de cotos de caza y pesca que tengan a su cargo la custodia de ganado o la vigilancia de explotaciones agrarias.

- Trabajadores que realicen faenas de riego y en labores de limpieza, monda y desbroce de acequias, brazales, hijuelas, cuando estos trabajos no tengan otro fin que el de aprovechamiento de las aguas para uso exclusivo de explotaciones agropecuarias.

- Los técnicos, administrativos, mecánicos, conductores de vehículos y maquinaria y cualquier otro profesional que presten servicios a la explotación de manera habitual y con remuneración permanente a pesar de no ser propiamente agropecuarias.

Por el contrario, se excluyen expresamente del concepto de trabajador por cuenta ajena incluidos en el Régimen especial (en virtud del art. 4 del Decreto 3772/1972, de 23 de diciembre):

- Los mecánicos y conductores de vehículos y maquinaria que no sean titulares de una explotación o cuando siéndolo no los utilicen en la misma.

- Los trabajadores de empresas fitopatológicas.

- Familiares del empresario por consanguinidad o afinidad hasta el tercer grado inclusive, ocupados en su explotación agraria y no sean asalariados.

El art. 252 de la LGSS establece a estos efectos como trabajadores por cuenta ajena agrarios quienes realicen labores agrarias, sean propiamente agrícolas, forestales o pecuarias o sean complementarias o auxiliares de las mismas, en explotaciones agrarias, así como los empresarios a los que presten sus servicios, asimismo, los hijos del titular de la explotación agraria, menores de treinta años, aunque convivan con él, podrán ser contratados por aquel como trabajadores por cuenta ajena.

2. Trabajadores por cuenta propia agrarios

	Ámbito de aplicación
Sistema Especial para Trabajadores por cuenta propia agrarios (SETA). (Arts. 323 y 324 de la LGSS)	• Quedarán comprendidos en este sistema especial los mayores de 18 años que cumplan los siguientes requisitos: » Ser titulares de una explotación agraria y obtener, al menos, el 50 por ciento de su renta total de la realización de actividades agrarias u otras complementarias, siempre que la parte de renta procedente directamente de la actividad agraria realizada en su explotación no sea inferior al 25 por ciento de su renta total y el tiempo de trabajo dedicado a actividades agrarias o complementarias de las mismas, sea superior a la mitad de su tiempo de trabajo total.

Sistema Especial para Trabajadores por cuenta propia agrarios (SETA). (Arts. 323 y 324 de la LGSS)	» Que los rendimientos anuales netos obtenidos de la explotación agraria por cada titular de la misma no superen la cuantía equivalente al 75 por ciento del importe, en cómputo anual, de la base máxima de cotización al Régimen General de la Seguridad Social vigente en el ejercicio en que se proceda a su comprobación. » La realización de labores agrarias de forma personal y directa en tales explotaciones agrarias, aun cuando ocupen trabajadores por cuenta ajena, siempre que no se trate de más de dos trabajadores que coticen con la modalidad de bases mensuales o, de tratarse de trabajadores que coticen con la modalidad de bases diarias (art. 255 de la LGSS), que el número total de jornadas reales efectivamente realizadas no supere las quinientas cuarenta y seis en un año, computado desde el 1 de enero al 31 de diciembre de cada año. El número de jornadas reales se reducirá proporcionalmente en función del número de días de alta del trabajador por cuenta propia agrario en este Sistema Especial durante el año natural de que se trate. » Cónyuge y parientes, por consanguinidad y afinidad, hasta el tercer grado inclusive, del titular de una explotación agraria, siempre que: • No tengan la consideración de trabajadores por cuenta ajena. • Sean mayores de 18 años. • Realicen la actividad agraria de forma personal y directa en la correspondiente explotación familiar (STSJ de La Rioja n.º 18/2019, de 18 de enero, ECLI:ES:TSJLR:2019:16).

A TENER EN CUENTA. Los interesados, en el momento de solicitar su incorporación al Sistema Especial para Trabajadores por Cuenta Propia Agrarios, deberán presentar declaración justificativa de la acreditación de los requisitos establecidos en los apartados anteriores para la inclusión en el mismo. La validez de dicha inclusión estará condicionada a la posterior comprobación por parte de la Tesorería General de la Seguridad Social de la concurrencia efectiva de los mencionados requisitos. La acreditación y posterior comprobación se efectuará en la forma y plazos que reglamentariamente se determinen

Como complemento de lo anterior, podemos citar a su vez el art. 5 y 6 del Decreto 3772/1972, de 23 de diciembre, que establecen que quedan comprendidos en el Régimen General Agrario, los siguientes trabajadores:

• Los trabajadores mayores de 18 años.

• Los trabajadores titulares de pequeñas explotaciones agrarias, entendiendo por tales aquellas cuyo líquido imponible por contribución territorial, rústica y pecuaria no sea superior al límite que se fije por el Ministerio de Trabajo. Se tendrán en cuenta todas las fincas que cultive cada titular de explotación agraria, sea o no propietario de las mismas.

- Los trabajadores que realicen la actividad agraria en forma personal y directa en estas explotaciones, aun cuando se agrupen permanentemente con otros titulares para la ejecución de labores en común u ocupen también trabajadores por cuenta ajena.

- El cónyuge y los parientes por consanguinidad y afinidad hasta el tercer grado, inclusive, del titular de una explotación agraria, que tenga la condición de trabajador por cuenta propia.

CUESTIONES

1. ¿Cómo comprobará la TGSS el cumplimiento de los requisitos para la inclusión en el SETA?

La comprobación por parte de la TGSS del cumplimiento de los requisitos para la afiliación al SETA, así como la revisión de los mismos, se efectuarán conforme a diferentes reglas en función del momento:

- Hasta el 01/01/2023 (continuará vigente el derogado art. 47 bis del Real Decreto 84/1996, de 26 de enero): según el derogado art. 47 bis, apartados 2 y 3, del Real Decreto 84/1996, de 26 de enero.

- Desde el 01/01/2023 (fecha de entrada en vigor de las modificaciones operadas en el Real Decreto 84/1996, de 26 de enero, por el Real Decreto 504/2022, de 27 de junio): según el art. 48.2 y 3 del Real Decreto 84/1996, de 26 de enero.

2. A los efectos de inclusión en el Sistema Especial para Trabajadores por Cuenta Propia Agrarios, ¿qué se entiende por explotación agraria?

El conjunto de bienes y derechos organizados por su titular en el ejercicio de la actividad agraria, y que constituye en sí misma unidad técnico-económica, pudiendo la persona titular o titulares de la explotación serlo por su condición de propietaria, arrendataria, aparcera, cesionaria u otro concepto análogo, de las fincas o elementos materiales de la respectiva explotación agraria.

3. A los efectos de inclusión en el Sistema Especial para Trabajadores por Cuenta Propia Agrarios, ¿qué se entiende por actividad agraria?

El conjunto de trabajos que se requiere para la obtención de productos agrícolas, ganaderos y forestales. A los efectos previstos en este sistema especial, se considerará también actividad agraria la venta directa por parte de la agricultora o agricultor de la producción propia sin transformación o la primera transformación de los mismos cuyo producto final esté incluido en el anexo I del artículo 38 del Tratado de Funcionamiento de la Unión Europea, dentro de los elementos que integren la explotación, en mercados municipales o en lugares que no sean establecimientos comerciales permanentes, considerándose también actividad agraria toda aquella que implique la gestión o la dirección y gerencia de la explotación.

4. A los efectos de inclusión en el Sistema Especial para Trabajadores por Cuenta Propia Agrarios, ¿qué se entiende por actividades agrarias complementarias?

Se considerarán actividades la participación y presencia de la persona titular, como consecuencia de elección pública, en instituciones de carácter representativo, así como en órganos de representación de carácter sindical, cooperativo o profesional, siempre que estos se hallen vinculados al sector agrario. Igualmente tendrán la consideración de actividades complementarias las actividades de transformación de los productos de su explotación y venta directa de los productos transformados, siempre y cuando no sea la primera especificada en el apartado anterior, así como las relacionadas con la conservación del espacio natural y protección del medio ambiente, el turismo rural o agroturismo, al igual que las cinemáticas y artesanales realizadas en su explotación.

3. Titularidad compartida en las explotaciones agrarias

El art. 37 de LETA, con efectos de 01/01/2023, regula la bonificación de cuotas en favor de determinados familiares del titular de la explotación agraria.

La explotación agraria de titularidad compartida es una unidad económica, sin personalidad jurídica y susceptible de imposición a efectos fiscales, que se constituye por un matrimonio o pareja unida por análoga relación de afectividad, para la gestión conjunta de la explotación agraria (art. 2 de la Ley 35/2011, de 4 de octubre). Su regulación la encontramos en los siguientes textos legales:

- Art. 30 de la Ley Orgánica 3/2007, de 22 de marzo, crea la figura jurídica de la titularidad compartida.
- Real Decreto 297/2009, de 6 de marzo, sobre titularidad compartida en las explotaciones agrarias.
- Ley 35/2011, de 4 de octubre, sobre titularidad compartida de las explotaciones agrarias.

Esta figura jurídica tendrá la consideración de explotación agraria prioritaria (Ley 19/1995, de 4 de julio), siempre que la renta unitaria de trabajo que se obtenga de la explotación no supere en un 50 por 100 el máximo de lo establecido en la legislación correspondiente para las explotaciones prioritarias, además uno de los dos titulares ha de tener la consideración de agricultor profesional, conforme a lo establecido en el apartado 5 del artículo 2 de Ley 19/1995, de 4 de julio. Los **requisitos que deben de cumplir las personas titulares de la explotación agraria en régimen de titularidad compartida** son:

- Estar dadas de alta en la Seguridad Social.
- Ejercer la actividad agraria y trabajar en la misma de modo directo y personal tal y como está definido en la Ley 19/1995, de 4 de julio.
- Residir en el ámbito territorial rural en que radique la explotación.

Los **rendimientos generados** por la explotación se repartirán al 50 por ciento entre ambas personas titulares de la explotación agraria de titularidad compartida. Una vez repartidos, estos rendimientos se regirán por lo dispuesto en el régimen económico matrimonial de ambos cónyuges o los pactos patrimoniales que, en su caso, hayan suscrito las parejas de hecho.

CUESTIONES

1. ¿A quién le corresponde la administración, representación y responsabilidad de la explotación agraria de titularidad compartida?

- La administración corresponde conjuntamente a ambas personas titulares.
- La representación será solidaria, con excepción de los actos que supongan, disposición, enajenación o gravamen de la misma, en los que dicha representación será mancomunada.

– La responsabilidad será directa, personal, solidaria e ilimitada de las dos personas titulares.

2. ¿Cuáles son las ventajas de la titularidad compartida en las explotaciones agrarias?

Entre las ventajas que podemos encontrarnos respecto a la titularidad compartida de las explotaciones agrarias citamos las siguientes:

– Se reparten al 50% los rendimientos.

– Ambos titulares cotizan a la SS.

– Tienen la consideración de beneficiarios directos de las ayudas y subvenciones respecto al objeto de la explotación y trato preferente a las mismas.

– Preferencia a actividades de formación y asesoramiento en materia de agricultura.

– Administración, representación y responsabilidad sobre la explotación de Titularidad Compartida entre los dos miembros titulares.

– Acceder a la condición de explotación prioritaria.

Fuente: Titularidad Compartida. Ministerio de Agricultura, Pesca y Alimentación.

|| Registro de titularidad compartida

Para que la titularidad compartida de las explotaciones agrarias produzca todos sus efectos jurídicos será precisa su inscripción previa en el registro constituido al efecto por la correspondiente comunidad autónoma.

La inscripción tendrá carácter constitutivo y se realizará mediante la presentación de una declaración conjunta en la que hagan constar lo siguiente:

- Datos de identificación personal.

- Datos de identificación de la explotación.

- Datos de los bienes y derechos que conforman la explotación agraria de titularidad compartida. En particular, en el caso de bienes inmuebles y de derechos reales sobre los mismos, se deberá especificar la referencia catastral y cualesquiera otros datos que pudieran resultar de la normativa vigente.

- Número de Identificación Fiscal asignado por la Administración tributaria competente.

- Datos identificativos de la cuenta bancaria asociada a la titularidad compartida.

- Datos identificativos del representante, en su caso, de la titularidad compartida.

- Certificado de matrimonio o certificado de inscripción de pareja de hecho, o aseveración de vinculación de análoga relación de afectividad incluida en la declaración conjunta.

La declaración conjunta podrá asimismo presentarse a través del sistema de firma electrónica, en el plazo de tres meses se efectuarán las comprobaciones que fueren pertinentes y, efectuada la inscripción dentro de dicho plazo, sus efectos se retrotraerán al momento de la presentación realizada por las partes, de tal forma que transcurrido dicho plazo sin contestación denegatoria por parte del registro se entenderá efectuada la inscripción por silencio administrativo.

El registro correspondiente de gestión autonómica expedirá un certificado en el que consten los datos anteriores.

|| **Extinción de la titularidad compartida de las explotaciones agrarias**

Se extinguirá la titularidad compartida por los siguientes motivos:

- Por nulidad, separación o disolución del matrimonio.
- Por ruptura de la pareja de hecho, o por la muerte o la declaración de fallecimiento de uno de sus miembros.
- Pérdida de la titularidad de la explotación agraria por cualquier causa legalmente establecida.
- Por transmisión de la titularidad de la explotación a terceros.
- Cuando por alguna de las dos personas titulares dejen de:
  » Estar dadas de alta en la Seguridad Social.
  » Ejercer la actividad agraria y trabajar en la misma de modo directo y personal.
  » Residir en el ámbito territorial rural en que radique la explotación.
- Por acuerdo entre las personas titulares de la explotación agraria de titularidad compartida manifestado mediante comparecencia personal o firma electrónica ante el registro de titularidad compartida.

|| **Medidas en materia fiscal, de seguridad social y de subvenciones y ayudas públicas**

El capítulo III de la Ley 35/2011, de 4 de octubre, establece el régimen fiscal y las medidas en materia de Seguridad Social aplicables a este tipo de explotaciones agrarias. De igual modo, se regula el régimen de las ayudas agrarias y de las ayudas públicas y subvenciones destinadas a la incentivación de la constitución de las titularidades compartidas de las explotaciones agrarias.

- **Régimen fiscal:** la titularidad compartida de explotaciones agrarias tendrá la consideración a efectos tributarios de entidad del artículo 35.4 de la Ley 58/2003, de 17 de diciembre, General Tributaria, teniendo un número de identificación fiscal para sus relaciones de naturaleza o con trascendencia tributaria.
- **Régimen de la Seguridad Social:** el art. 37 de la LETA establece una bonificación de cuotas en favor de determinados familiares del titular de la explotación agraria:
  » Mayores de 50 años, cónyuges o descendientes del titular de la explotación agraria.
  » Cónyuge del titular de una explotación agraria que se constituya en titular de la misma en régimen de titularidad compartida.

- **Ayudas agrarias:** las subvenciones, las ayudas directas y las ayudas de desarrollo rural, ya procedan de fuentes de financiación europeas, estatales o autonómicas, asociadas a la explotación agraria de titularidad compartida, corresponderán por mitades iguales a favor de cada uno de los cónyuges o miembros de la pareja de hecho titulares de las explotaciones agrarias de titularidad compartida, y la solicitud de las citadas ayudas se realizará a nombre de la entidad de titularidad compartida que constituye la explotación agraria de titularidad compartida, efectuándose el pago correspondiente en la cuenta bancaria asociada a la titularidad compartida.

- **Reconocimiento del derecho a la compensación económica:** protección económica del cónyuge o pareja de hecho frente al titular, por razón de su colaboración en la explotación agraria, reconociendo por su actividad efectiva y regular en la explotación, cuando no reciba pago o contraprestación alguna por el trabajo realizado, ni se haya acogido al régimen de titularidad compartida prevista en la ley.

CUESTIÓN

¿Cómo se calcula la cuantía y el pago de la compensación?

Se tendrá en cuenta el valor real de la explotación agraria, el tiempo efectivo y real de colaboración en la actividad agraria y la valoración de la actividad en el mercado.

Será compatible con otros derechos de carácter patrimonial a los que tenga derecho el cónyuge o miembro de la pareja de hecho y se satisfará preferentemente en un solo pago, sin perjuicio de lo que las partes puedan pactar sobre la cuantía, forma, plazos y garantía para el pago de la compensación.

1.4. Notas históricas sobre los procesos de integración

El proceso de integración de los trabajadores del campo en el Sistema Especial de la Seguridad Social se reguló por dos normas cuyo contenido se encuentra actualmente en la LGSS:

- La derogada (salvo D.T. 1.ª) Ley 18/2007, de 4 de julio, por la que se procede a la integración de los trabajadores por cuenta propia del Régimen Especial Agrario de la Seguridad Social en el Régimen Especial de la Seguridad Social de los Trabajadores por Cuenta Propia o Autónomos, con efectos de 1 de enero de 2008 (regulación actualmente contenida en los arts. 323-326 de la LGSS).

- La derogada (salvo D.A. 7.ª y D.F. 4.ª) Ley 28/2011, de 22 de septiembre, con efectos de 1 de enero de 2012, produjo la integración en el Régimen General de la Seguridad Social de los trabajadores por cuenta ajena incluidos en el Régimen Especial Agrario de la Seguridad Social, así como de los empresarios a los que prestan sus servicios (regulación actualmente contenida en los arts. 252-256 de la LGSS).

Ley 18/2007, de 4 de julio, por la que se procede a la integración de los trabajadores por cuenta propia del Régimen Especial Agrario de la Seguridad Social en el Régimen Especial de la Seguridad Social de los Trabajadores por Cuenta Propia o Autónomos

La parcialmente derogada Ley 18/2007, de 4 de julio, creaba con efectos desde el 1 de enero de 2008, dentro del Régimen Especial de los Trabajadores por Cuenta Propia o Autónomos, el **Sistema Especial para Trabajadores por Cuenta Propia Agrario (SETA),** en el que quedaron incluidos los trabajadores por cuenta propia agrarios.

La integración realizada siguió parámetros actualmente recogidos en los arts. 323-326 de la LGSS.

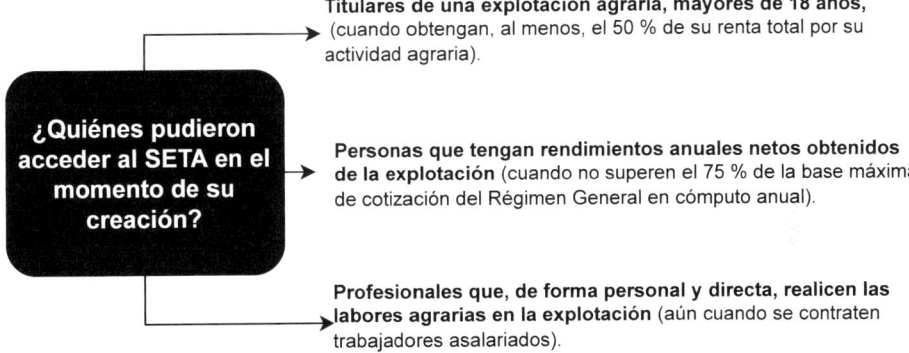

¿Quiénes pudieron acceder al SETA en el momento de su creación?

Titulares de una explotación agraria, mayores de 18 años, (cuando obtengan, al menos, el 50 % de su renta total por su actividad agraria).

Personas que tengan rendimientos anuales netos obtenidos de la explotación (cuando no superen el 75 % de la base máxima de cotización del Régimen General en cómputo anual).

Profesionales que, de forma personal y directa, realicen las labores agrarias en la explotación (aún cuando se contraten trabajadores asalariados).

Ley 28/2011, de 22 de septiembre, por la que se procede a la integración del Régimen Especial Agrario de la Seguridad Social en el Régimen General de la Seguridad Social

Tras la primera integración de los trabajadores por cuenta propia en 2008 el Régimen Especial Agrario de la Seguridad Social estaba formado, únicamente, por trabajadores por cuenta ajena. Mediante la parcialmente derogada Ley 28/2011, de 22 de septiembre, se procedió a la integración en el Régimen General de la Seguridad Social de los trabajadores por cuenta ajena que realicen labores agrarias propiamente agrícolas, forestales o pecuarias o sean complementarias o auxiliares de las mismas en explotaciones agrarias, así como los empresarios a los que presten sus servicios.

La integración realizada siguió parámetros actualmente recogidos en los arts. 252-256 de la LGSS.

1.5. Normativa aplicable Régimen Especial Agrario

Dentro del Régimen Especial Agrario existen diferentes normativas que configuran el Sistema Especial de Trabajadores por Cuenta Propia Agrarios y el Sistema Especial de Trabajadores por Cuenta Ajena Agrarios y su entorno:

Leyes orgánicas

- Ley Orgánica 3/2007, de 22 de marzo, para la igualdad efectiva de mujeres y hombres: art. 30.
- Ley Orgánica 4/2000, sobre derechos y libertades de los extranjeros en España y su integración social.

Leyes ordinarias

- Ley 18/2007, de 4 de julio, por la que se procede a la integración de los trabajadores por cuenta propia del Régimen Especial Agrario de la Seguridad Social en el Régimen Especial de la Seguridad Social de los Trabajadores por Cuenta Propia o Autónomos (norma derogada, salvo la D.T. 1.ª).
- Ley 28/2011, de 22 de septiembre, por la que se procede a la integración del Régimen Especial Agrario de la Seguridad Social en el Régimen General de la Seguridad Social (norma derogada, salvo la D.A. 7.ª y D.F. 4.ª).
- Ley 31/2022, de 23 de diciembre, de Presupuestos Generales del Estado para el año 2023: art. 122. Tres y siete.
- Ley 31/2015, de 9 de septiembre, por la que se modifica y actualiza la normativa en materia de autoempleo y se adoptan medidas de fomento y promoción del trabajo autónomo y de la Economía Social: art. 37.
- Ley 35/2011, de 4 de octubre, sobre titularidad compartida de las explotaciones agrarias.
- Ley 45/2007, de 13 de diciembre, para el desarrollo sostenible del medio rural: D.F. 4.ª.
- Ley 20/2007, de 11 de julio, del Estatuto del Trabajo Autónomo: art. 37 y D.A. 3.ª.
- Ley 45/2002, de 12 de diciembre, de medidas urgentes para la reforma del sistema de protección por desempleo y mejora de la ocupabilidad.
- Ley 27/1999, de 16 de julio, de Cooperativas.
- Ley 31/1995, de 8 de noviembre, de Prevención de Riesgos Laborales.
- Ley 19/1995, de 4 de julio, de Modernización de las Explotaciones Agrarias.
- Ley 3/1987, de 2 de abril, General de Cooperativas: D.T. 7.ª.
- Ley 30/2022, de 23 de diciembre, por la que se regulan el sistema de gestión de la Política Agrícola Común y otras materias conexas [modifica (con efectos de 02/01/2023) el art. 324.1 y 2 de la LGSS].

Reales decretos legislativos y reales decretos

Mediante el Real Decreto 504/2022, de 27 de junio (BOE 28/06/2022), RD-ley 13/2022, de 26 de julio (BOE 27/07/2022) y el RD-ley 14/2022, de 1 de agosto (BOE 02/08/2022), se modifican, entre otras normas, el Reglamento

General sobre inscripción de empresas y afiliación, altas, bajas y variaciones de datos de trabajadores en la Seguridad Social (Real Decreto 84/1996, de 26 de enero), y el Reglamento General sobre Cotización y Liquidación de otros Derechos de la Seguridad Social (Real Decreto 2064/1995, de 22 de diciembre), y distintos artículos de la LGSS y LETA para actualizar esta regulación normativa a la cotización al RETA por ingresos reales.

- Real Decreto 1155/2024, de 19 de noviembre, por el que se aprueba el Reglamento de la Ley Orgánica 4/2000, de 11 de enero, sobre derechos y libertades de los extranjeros en España y su integración social.

- Real Decreto 322/2024, de 26 de marzo, por el que se modifican el Reglamento General de Recaudación de la Seguridad Social, aprobado por el Real Decreto 1415/2004, de 11 de junio, y el Reglamento General sobre Cotización y Liquidación de otros Derechos de la Seguridad Social, aprobado por el Real Decreto 2064/1995, de 22 de diciembre.

- Real Decreto-ley 2/2024, de 21 de mayo, por el que se adoptan medidas urgentes para la simplificación y mejora del nivel asistencial de la protección por desempleo, y para completar la transposición de la Directiva (UE) 2019/1158 del Parlamento Europeo y del Consejo, de 20 de junio de 2019, relativa a la conciliación de la vida familiar y la vida profesional de los progenitores y los cuidadores, y por la que se deroga la Directiva 2010/18/UE del Consejo.

- Real Decreto-ley 11/2022, de 25 de junio, por el que se adoptan y se prorrogan determinadas medidas para responder a las consecuencias económicas y sociales de la guerra en Ucrania, para hacer frente a situaciones de vulnerabilidad social y económica, y para la recuperación económica y social de la isla de La Palma.

- Real Decreto Legislativo 8/2015, de 30 de octubre, por el que se aprueba el texto refundido de la Ley General de la Seguridad Social: capítulo XVIII, sección 2.ª, título II, arts. 10.2; 14; 252 a 256; 286 a 289; 308 y ss. (regulando la cotización por ingresos reales); D.A. 15.ª; D.A. 16.ª; D.T. 17.ª; D.T. 18.ª; D.F. 5.ª; D.F. 6.ª.

- Real Decreto 84/1996, de 26 de enero, por el que se aprueba el Reglamento General sobre inscripción de empresas y afiliación, altas, bajas y variaciones de datos de trabajadores en la Seguridad Social: 10; 41; 45; 46 y 48.

- Real Decreto 2064/1995, de 22 de diciembre, por el que se aprueba el Reglamento General sobre Cotización y Liquidación de otros Derechos de la Seguridad Social: 38; 39; 40: 41; 42; D.A. 3.ª y D.D. Única.

- Real Decreto-ley 18/2022, de 18 de octubre, por el que se aprueban medidas de refuerzo de la protección de los consumidores de energía y de contribución a la reducción del consumo de gas natural en aplicación del "Plan + seguridad para tu energía (+SE)", así como medidas en materia de retribuciones del personal al servicio del sector público y de protección de las personas trabajadoras agrarias eventuales afectadas por la sequía.

- Real Decreto-ley 4/2022, de 15 de marzo, por el que se adoptan medidas urgentes de apoyo al sector agrario por causa de la sequía.
- Real Decreto-ley 32/2021, de 28 de diciembre, de medidas urgentes para la reforma laboral, la garantía de la estabilidad en el empleo y la transformación del mercado de trabajo.
- Real Decreto-ley 8/2019, de 8 de marzo, de medidas urgentes de protección social y de lucha contra la precariedad laboral en la jornada de trabajo: 5; 7.
- Real Decreto-ley 28/2018, de 28 de diciembre, para la revalorización de las pensiones públicas y otras medidas urgentes en materia social, laboral y de empleo.
- Real Decreto Legislativo 2/2015, de 23 de octubre, por el que se aprueba el texto refundido de la Ley del Estatuto de los Trabajadores.
- Real Decreto 152/2022, de 22 de febrero, por el que se fija el salario mínimo interprofesional para 2022.
- Real Decreto 1541/2011, de 31 de octubre, por el que se desarrolla la Ley 32/2010, de 5 de agosto, por la que se establece un sistema específico de protección por cese de actividad de los trabajadores autónomos: D.A. 5.ª.
- Real Decreto 864/2006, de 14 de julio, para la mejora del sistema de protección por desempleo de los trabajadores agrarios.
- Real Decreto 297/2009, de 6 de marzo, sobre titularidad compartida en las explotaciones agrarias.
- Real Decreto 426/2003, de 11 de abril, por el que se regula la renta agraria para los trabajadores eventuales incluidos en el Régimen Especial Agrario de la Seguridad Social residentes en las Comunidades Autónomas de Andalucía y Extremadura.
- Real Decreto 5/1997, de 10 de enero, por el que se regula el subsidio por desempleo en favor de los trabajadores eventuales incluidos en el Régimen Especial Agrario de la Seguridad Social.
- Real Decreto 1776/1981, de 3 de agosto, por el que se aprueba el Estatuto que regula las Sociedades Agrarias de Transformación.
- Decreto 3772/1972, de 23 de diciembre, por el que se aprueba el Reglamento General del Régimen Especial Agrario de la Seguridad Social.
- Decreto 2123/1971, de 23 de julio, por el que se aprueba el texto refundido de las Leyes 38/1966, de 31 de mayo, y 41/1970, de 22 de diciembre, por las que se establece y regula el Régimen Especial Agrario de la Seguridad Social (norma derogada).
- Decreto 2530/1970, de 20 de agosto, por el que se regula el régimen especial de la Seguridad Social de los trabajadores por cuenta propia o autónomos.
- Real Decreto-ley 1/2023, de 10 de enero, de medidas urgentes en materia de incentivos a la contratación laboral y mejora de la protección social de las personas artistas: art. 29.

- Real Decreto-ley 20/2022, de 27 de diciembre, de medidas de respuesta a las consecuencias económicas y sociales de la Guerra de Ucrania y de apoyo a la reconstrucción de la isla de La Palma y a otras situaciones de vulnerabilidad: arts. 24-27.

Reglamento UE

- Reglamento (UE) n.º 492/2011 del Parlamento Europeo y del Consejo de 5 de abril de 2011, relativo a la libre circulación de los trabajadores dentro de la Unión.

Órdenes y resoluciones

- Orden PJC/178/2025, de 25 de febrero, por la que se desarrollan las normas legales de cotización a la Seguridad Social, desempleo, protección por cese de actividad, Fondo de Garantía Salarial y formación profesional para el ejercicio 2025: 14; 18; 19; 23; 24; 26; 30; 32; 34; 42.

- Orden ISM/1488/2024, de 27 de diciembre, por la que se regula la gestión colectiva de contrataciones en origen para 2025.

- Orden TAS/3553/2007, de 30 de noviembre, por la que se modifica la Orden de 24 de septiembre de 1970, por la que se dictan normas para la aplicación y desarrollo del Régimen Especial de la Seguridad Social de los Trabajadores por Cuenta Propia o Autónomos.

- Orden de 24 de septiembre de 1970 por la que se dictan normas para aplicación y desarrollo del Régimen Especial de la Seguridad Social de los trabajadores por cuenta propia o autónomos; art. 73.

- Resolución de 17 de noviembre de 2000, de la Dirección General de Trabajo, por la que se dispone la inscripción en el Registro y publicación del Laudo Arbitral de 6 de octubre de 2000, dictado por don José Rodríguez de la Borbolla Camoyán, en el conflicto derivado del proceso de negociación para la sustitución de la Ordenanza de Trabajo en el Campo.

2.
¿QUIÉN PUEDE ESTAR EN EL SISTEMA ESPECIAL AGRARIO? REGLAS DE INCLUSIÓN, AFILIACIÓN Y COTIZACIÓN A LA SEGURIDAD SOCIAL Y DERECHO A LAS PRESTACIONES EN LOS SISTEMAS ESPECIALES AGRARIOS

Los trabajadores agrarios se dividen en trabajadores agrarios por cuenta ajena y por cuenta propia, encontrándose especificado su ámbito de aplicación, reglas de inclusión, afiliación y cotización a la Seguridad Social y derecho a las prestaciones de manera diferenciada en los arts. 252-256 y 323-326 y D.F. 5.ª de la LGSS y el Decreto 3772/1972, de 23 de diciembre.

Sistema Especial para Trabajadores por Cuenta Ajena Agrarios (SETCAA)

Como hemos analizado, mediante la creación de este sistema especial, la derogada Ley 28/2011 de 22 de septiembre (con efectos de 1 de enero de 2012), procedió a la integración en el Régimen General de la Seguridad Social de los trabajadores por cuenta ajena incluidos en el Régimen Especial Agrario de la Seguridad Social, así como de los empresarios a los que prestan sus servicios.

Como principales peculiaridades del sector antes de su análisis hay que destacar:

- **Cotización:** la inclusión en dicho Sistema Especial determinará la obligación de cotizar, tanto durante los períodos de actividad por la realización de labores agrarias como durante los períodos de inactividad en dichas labores.

  » Se distingue entre los **períodos de actividad**, en los que las bases de cotización, tanto mensuales como diarias, se determinarán igual que en el Régimen General, y los **períodos de inactividad**, en los que, con arreglo a la fórmula que se determine legalmente, se cotizará por la base mínima del grupo 7 de cotización vigente en cada momento, con aplicación, en ambos períodos, de los tipos de cotización fijados en este precepto.

» También se fijan unas **condiciones especiales de cotización** respecto a los trabajadores agrarios por cuenta ajena por los **conceptos de recaudación conjunta** con la Seguridad Social, entre los que se incluye la formación profesional, así como en las situaciones de incapacidad temporal, nacimiento de menor, riesgo durante el embarazo y riesgo durante la lactancia natural.

» La cotización de los trabajadores agrarios con contrato de trabajo a tiempo parcial se llevará a cabo de forma proporcional a la parte de jornada realizada efectivamente, en los términos y condiciones que se determinen reglamentariamente, y sin perjuicio de la aplicación de las bases mínimas de cotización que la ley establezca en cada momento (D.F. 5.ª de la LGSS).

» Con independencia del número de horas de trabajo realizadas en cada jornada, la base de cotización de los trabajadores del sistema especial no podrá ser inferior a una cuantía fija por euros/día que se establece de forma anual.

• **Recargo en la cotización para los contratos de duración determinada inferiores a 30 días**: no se aplicará cuando sean celebrados con trabajadores incluidos en el Sistema Especial para Trabajadores por Cuenta Ajena Agrarios (arts. 28 de la Orden PJC/178/2025, de 25 de febrero y 151 de la LGSS).

• **Acción protectora**: este sistema especial posee ciertas peculiaridades sobre el reconocimiento del derecho a las prestaciones económicas, durante los períodos de inactividad, el acceso a la jubilación anticipada, la cuantía de la prestación económica por incapacidad temporal derivada de enfermedad común y las lagunas de cotización y la protección por desempleo.

Sistema Especial para Trabajadores por Cuenta Propia Agrarios (SETA)

En el marco de medidas tendentes a la equiparación progresiva de los trabajadores por cuenta propia del Régimen Especial Agrario con los encuadrados en el Régimen Especial de los Trabajadores por Cuenta Propia o Autónomos, con efectos de 1 de enero de 2008, la derogada Ley 18/2007, de 4 de julio, procedió a la integración en este último régimen de todos los trabajadores agrarios por cuenta propia, con el previo establecimiento de un Sistema Especial para Trabajadores por Cuenta Propia Agrarios.

Como principales peculiaridades del sector antes de su análisis hay que destacar:

• **Acreditación de los requisitos exigidos para la inclusión en este sistema especial**: se efectuará mediante una declaración responsable que figurará en la propia solicitud y en la que el trabajador manifestará, bajo su responsabilidad, que cumple los requisitos y que dispone de la documentación que así lo acredita, así como que la pondrá a disposición de la Tesorería General de la Seguridad Social cuando le sea requerida (art. 324.1 de la LGSS y art. 48 del Real Decreto 84/1996, de 26 de enero).

- El SETA se ha visto afectado por la **adaptación de la reglamentación de cotización a la cotización por ingresos reales de los autónomos.**

- **Acción protectora:** tanto la incapacidad temporal por contingencias comunes como la protección por contingencias profesionales son voluntarias (D.A. 3.ª de la LETA).

- **Contingencias de cobertura obligatoria:**
  - » Si el trabajador optase por una base de cotización hasta el 120 por ciento de la base mínima del tramo 1 de la tabla general [regla 1.ª del art. 308.1.a) de la LGSS], el tipo de cotización aplicable será del 18,75 por ciento.

  - » Si, en cambio, el trabajador optase por una base de cotización igual o superior a la señalada en el párrafo anterior, sobre la cuantía que exceda de esta última se aplicará el tipo de cotización vigente en cada momento en este régimen especial para las contingencias comunes.

- **Contingencias de cobertura voluntaria:** la cuota se determinará aplicando sobre la cuantía completa de la base de cotización provisional (y definitiva), los tipos vigentes en el Régimen Especial de los Trabajadores por Cuenta Propia o Autónomos para dichas contingencias.

- Para las **contingencias de accidentes de trabajo y enfermedades profesionales** se aplicarán los tipos de la tarifa de primas establecida en la disposición adicional cuarta de la Ley 42/2006, de 28 de diciembre.

  - » En el supuesto de que los interesados no hubiesen optado por la cobertura de la totalidad de las contingencias profesionales, se seguirá abonando, en concepto de cobertura de las contingencias de incapacidad permanente y muerte y supervivencia, una cuota resultante de aplicar a la base de cotización elegida el tipo del 1 por ciento.

  - » Los trabajadores incluidos en este sistema especial que no hayan optado por dar cobertura a la totalidad de las contingencias de accidentes de trabajo y enfermedades profesionales, efectuarán una cotización adicional equivalente al 0,10 por ciento, aplicado sobre la base de cotización elegida.

- **Incentivos y medidas de fomento y promoción del trabajo autónomo.** La actual redacción de la Ley 20/2007, de 11 de julio, del Estatuto del Trabajo Autónomo (LETA), establece una reducción de cuotas a favor de determinados familiares del titular de la explotación agraria (art. 37 de la LETA).

2.1. Trabajadores por cuenta ajena en el Sistema Especial de Trabajadores por Cuenta Ajena Agrarios (SETCA)

La afiliación, alta y baja en el Sistema Especial para Trabajadores por Cuenta Ajena Agrario, se rige por lo establecido en el Régimen General de la Seguridad Social, con ciertas particularidades en relación a los períodos de inactividad. Las bases y tipos de cotización en este Sistema Especial se establecen con carácter anual en la correspondiente orden de cotización.

2.1.1. Alta, baja y variación de datos

La afiliación y las altas, bajas y variaciones de datos de los trabajadores agrarios por cuenta ajena se tramitarán en los términos, plazos y condiciones establecidos en el Régimen General de la Seguridad Social (arts. 139 y 140 de la LGSS) y en sus disposiciones de aplicación y desarrollo (art. 254 de la LGSS).

Afiliación y alta	Será necesario un código de cuenta de cotización específico.	
	Previa al inicio de la relación laboral, sin que en ningún caso, pueda exceder de los 60 días naturales anteriores a la fecha prevista de iniciación de la actividad.	
	Excepción (motivada)	• Si se contrata a trabajadores eventuales o fijos discontinuos el mismo día en que comiencen su prestación de servicios, las solicitudes de alta podrán presentarse hasta las 12 horas de dicho día, cuando no haya sido posible formalizarse con anterioridad al inicio de dicha jornada.
		• Si la jornada de trabajo finaliza antes de las 12 horas, se deberán presentar antes de la finalización de esta jornada (art. 254 de la LGSS).
Períodos de inactividad	Para quedar incluido en el Sistema Especial para Trabajadores por Cuenta Ajena Agrarios:	30 jornadas reales en un periodo continuado de 365 días.
		Solicitud expresa por parte del trabajador dentro de los tres meses naturales siguientes al de la realización de la última de dichas jornadas.
Solicitudes de baja y variaciones de datos	3 días naturales siguientes al cese en la actividad o a aquel en que la variación se haya producido.	

Corresponderá a los empresarios solicitar la afiliación al Sistema de la Seguridad Social de los trabajadores que ingresen a su servicio, así como comunicar dicho ingreso y, en su caso, el cese en la empresa de tales trabajadores para que sean dados, respectivamente, de alta y de baja. No obstante, en este sistema especial, los sujetos obligados a ingresar las cotizaciones sociales varían en función de la prestación de servicios o los periodos de inactividad (art. 255 de la LGSS):

Período	Sujeto responsable del cumplimiento de la obligación de cotizar
Períodos de actividad	El empresario será responsable de: • Ingresar en su totalidad las cotizaciones propias y de sus trabajadores. • Comunicar las jornadas reales realizadas (dentro de los seis primeros días de cada mes). • Descontará la aportación que corresponda a los trabajadores.
	En las situaciones de incapacidad temporal, riesgo durante el embarazo, riesgo durante la lactancia natural, y nacimiento y cuidado de menor el empresario deberá ingresar únicamente las aportaciones a su cargo. Las aportaciones a cargo del trabajador serán ingresadas por la entidad que efectúe el pago directo de las prestaciones.
Períodos de inactividad	El propio trabajador será responsable de: • El cumplimiento de la obligación de cotizar. • El ingreso de las cuotas correspondientes.

Los empresarios **responderán subsidiariamente** del pago de los descubiertos en las cotizaciones individuales de los trabajadores que correspondan al tiempo en que permanezcan a su servicio, en el caso de que incumplan las obligaciones en materia de inscripción en el REA. **Responden solidariamente** (art. 43 del Decreto 3772/1972, de 23 de diciembre y art. 45 del Real Decreto 84/1996, de 26 de enero):

• El adquirente de una explotación agraria responderá, solidariamente con el anterior propietario de la misma o con sus herederos, del pago de las cuotas empresariales y de las de accidentes de trabajo y enfermedades profesionales, que se encontrasen en descubierto antes de la indicada adquisición.

• La misma responsabilidad existirá entre el empresario cedente y el cesionario en los casos de cesión temporal de mano de obra, aunque sea a título amistoso o no lucrativo.

CUESTIONES

1. ¿Cuándo y cómo se ingresan las cuotas de cotización?

Las cuotas se ingresarán dentro del mes siguiente al que corresponden mediante el Sistema RED (pago electrónico o domiciliación bancaria).

2. ¿Qué sucede si no se ingresan las cuotas en el plazo reglamentario?

No se podrían aplicar las correspondientes deducciones por reducciones o bonificaciones y supondrá una infracción grave según el art. 22 de la LISOS.

Sin perjuicio de solicitar un aplazamiento, se aplicarán los recargos e intereses de demora.

3. ¿Qué formularios existen para la comunicación a la TGSS de la solicitud de alta, baja y variación de datos en el Régimen General del Sistema Especial Agrario para los trabajadores por cuenta ajena?

- Modelo TA.0163. Solicitud de alta, baja y variación de datos en el Régimen General (Sistema Especial Agrario) – Trabajadores por Cuenta Ajena.

- Modelo TA.0163 (Múltiple). Solicitud Múltiple de: alta, baja y variación de datos en el Régimen General (Sistema Especial Agrario) – Trabajadores por Cuenta Ajena.

- Modelo TA.0163 (Simplificado). Solicitud Simplificada de: alta, baja y variación de datos en el Régimen General (Sistema Especial Agrario)- Trabajadores por Cuenta Ajena.

- Modelo TA.0161. Solicitud de: inclusión/exclusión/reincorporación en el Sistema Especial Agrario. Periodos de Inactividad.

- Modelo TA.0163/JR. Comunicación de jornadas reales realizadas por trabajadores agrarios.

2.1.2. Inclusión, exclusión y reincorporación al Sistema Especial

El art. 253 de la LGSS establece que los trabajadores por cuenta ajena agrarios dentro del régimen general de la Seguridad Social **podrán quedar incluidos tanto durante los períodos en que efectúen labores agrarias como durante los períodos de inactividad en tales labores**, para lo que se exigirá, con carácter general, la realización de un mínimo de 30 jornadas reales en un período continuado de 365 días. En este mismo artículo también se contemplan los supuestos que determinarán la exclusión de los trabajadores agrarios del citado Sistema Especial durante los períodos de inactividad y las condiciones para la reincorporación al mismo, así como los efectos de una y otra.

> **A TENER EN CUENTA**. La solicitud de inclusión, exclusión o reincorporación en el Sistema Especial Agrario durante los periodos de inactividad se realiza mediante el modelo TA.0161.

1. Inclusión en el Sistema Especial de Trabajadores por Cuenta Ajena Agrarios

La inclusión en el sistema especial se produce tanto durante la situación de actividad por la realización de labores agrarias, como durante la situación de inactividad, determinando su alta en el Régimen General de la Seguridad Social y, por tanto, la obligación de cotizar, tanto en los periodos de actividad como en los periodos de inactividad.

Períodos de actividad	Esta modalidad de cotización mensual resultará de aplicación con carácter obligatorio para los trabajadores por cuenta ajena con contrato indefinido. • Para los trabajadores que presten servicios con carácter fijo discontinuo tendrá carácter opcional.
Períodos de inactividad	Se entenderá que existen períodos de inactividad dentro de un mes natural cuando el número de jornadas reales en él realizadas sea inferior al 76,67 % de los días naturales en que el trabajador figure incluido en el Sistema Especial en dicho mes. No existirán períodos de inactividad dentro del mes natural cuando el trabajador realice en él, para un mismo empresario, un mínimo de cinco jornadas reales semanales en cumplimiento de lo establecido en el convenio colectivo que resulte de aplicación.
	Durante la situación de inactividad, la inclusión del trabajador en este sistema especial la realiza, de oficio, la Tesorería General de la Seguridad Social, una vez que el trabajador haya realizado 30 jornadas reales, en un periodo continuado de 365 días. La inclusión tendrá efecto el primer día del mes siguiente al del cese en la actividad agraria.

A TENER EN CUENTA. Para el cómputo de las 30 jornadas exigidas se computarán como tales: los días de trabajo efectivo en actividades agrarias; los periodos de incapacidad temporal derivadas de contingencias profesionales, nacimiento y cuidado de menor, riesgo durante el embarazo y riesgo durante la lactancia natural; periodos de prestación por desempleo es este sistema especial; días que se trabajen en los programas de fomento de empleo agrario.

La inclusión en el Sistema Especial para Trabajadores por Cuenta Ajena Agrarios conlleva:

1. Obligación de cotizar tanto durante los períodos de actividad como los períodos de inactividad.

• Periodo de inactividad dentro de un mes natural: cuando el número de jornadas reales realizadas sea inferior al 76,67 % de los días naturales en que el trabajador figure incluido en dicho mes en el Sistema Especial (art. 253 de la LGSS).

• No existirán períodos de inactividad dentro del mes natural, cuando realice en ese mes, para un mismo empresario, un mínimo de 5 jornadas reales/semanales.

2. Alta en el RGSS que coincidirá con la fecha de inicio de la prestación de servicios.

3. Durante los períodos de inactividad para quedar incluido en el Sistema Especial, el trabajador deberá haber realizado un mínimo de 30 jornadas reales en un período continuado de 365 días. En este supuesto, los efectos de la cotización serán a partir del día primero del mes siguiente al cese en la actividad agraria.

Se computarán todas las jornadas reales efectuadas en el período de inactividad, incluso las prestadas en un mismo día para distintos empresarios.

Se asimilan a jornadas reales los días en que los trabajadores se encuentren en (art. 253.3 de la LGSS):

- Situaciones de incapacidad temporal derivada de contingencias profesionales.

- Prestación por nacimiento y cuidado del menor, riesgo durante el embarazo y riesgo durante la lactancia natural, procedentes de un período de actividad en este sistema especial.

- Los períodos de percepción de prestaciones por desempleo de nivel contributivo en este sistema especial.

- Los días en que aquellos se encuentren en alta en algún régimen de la Seguridad Social como consecuencia de programas de fomento de empleo agrario.

Los sujetos responsables del cumplimiento de la obligación de cotizar por los trabajadores incluidos en el Sistema Especial para Trabajadores por Cuenta Ajena Agrarios, durante los periodos de inactividad, deberán efectuar el pago de las cuotas mediante el sistema de domiciliación en cuenta, abierta en una entidad financiera autorizada para actuar como oficina recaudadora de la Seguridad Social. (D.A. 8.ª del Real Decreto 1415/2004, de 11 de junio).

CUESTIÓN

¿Cuándo hemos de solicitar la inclusión en el Sistema Especial de Trabajadores por Cuenta Ajena Agrarios? ¿Cuándo surte efectos?

Según la TGSS:

- En el plazo de 3 meses naturales siguientes al de la realización de la última jornada real, habiendo realizado un mínimo de 30 jornadas reales en los últimos 365 días.

- La inclusión en el sistema especial surtirá efecto el primer día del mes siguiente al que se realizó la solicitud.

---

2. Exclusión del Sistema Especial de Trabajadores por Cuenta Ajena Agrarios

Durante los períodos de inactividad, la exclusión del Sistema Especial para Trabajadores por Cuenta Ajena Agrarios, con la consiguiente baja en el Régimen General, podrá producirse por alguna de las siguientes causas (art. 253.4 de la LGSS):

- **Solicitud voluntaria del trabajador**, teniendo efectos a partir del primer día del mes siguiente a la fecha de presentación de la baja en la TGSS.

A TENER EN CUENTA. La exclusión de estos trabajadores del sistema especial durante los períodos de inactividad, con la consiguiente baja en el Régimen General, cuando no haya sido expresamente solicitada por ellos, únicamente procederá en el caso de que el trabajador no ingrese la cuota correspondiente a dichos períodos. [art. 253.4.b) 2.º y D.T. 17.ª de la LGSS].

- **Por decisión del trabajador** por encontrarse de alta en otro régimen o situación asimilada a la de alta computable para las prestaciones de este Sistema Especial.

- **De oficio** por la Tesorería General de la Seguridad Social en los siguientes supuestos:

  » Cuando el trabajador no realice un mínimo de 30 jornadas de labores agrarias en un período continuado de 365 días. Los efectos de la exclusión, en este supuesto, tendrán lugar desde el día primero del mes siguiente al de la notificación de la resolución por la que se acuerde aquella.

  » Por falta de abono de las cuotas correspondientes a períodos de inactividad durante dos mensualidades consecutivas. Mecanismos de reingreso en el Sistema en periodos de inactividad. Los efectos de la exclusión, en este supuesto, tendrán lugar desde el día primero del mes siguiente a la segunda mensualidad no ingresada, salvo que el trabajador se encuentre, en esa fecha, en situación de incapacidad temporal, Nacimiento y cuidado de menor, riesgo durante el embarazo o riesgo durante la lactancia natural, en cuyo caso tales efectos tendrán lugar desde el día primero del mes siguiente a aquel en que finalice la percepción de la correspondiente prestación económica, de no haberse abonado antes las cuotas debidas.

La exclusión no impedirá que, en caso de nuevos períodos de actividad en las labores agrarias, los trabajadores queden incluidos en el sistema especial durante los días en que presten sus servicios, con las consiguientes altas y bajas en el Régimen General y la cotización que corresponda por tales períodos.

CUESTIÓN

¿Desde qué momento causará efectos la exclusión del Sistema Especial de Trabajadores por Cuenta Ajena Agrarios?

Exclusión voluntaria por el trabajador.	Desde el primer día del mes siguiente al de la presentación de su solicitud ante la TGSS.	
	En el caso de que el trabajador viniese de una situación de alta en un régimen distinto o bien de una de las situaciones antes mencionadas como asimiladas al alta, podrá optar porque sus efectos tengan lugar o bien desde el momento de la baja en el otro régimen o la expiación de esa situación asimilada, o bien como en el caso anterior el primer día del mes siguiente al de la presentación de la solicitud ante la tesorería.	
Exclusión de oficio por la TGSS.	Incumplimiento de la realización del mínimo de jornadas reales exigido:	Desde el primer día del mes siguiente del cumplimiento de dicho requisito.
	Falta de ingreso de la cotización en los períodos de inactividad:	O bien desde el primer día del mes siguiente a la solicitud ante la TGSS o el trabajador también puede optar porque los efectos tengan lugar desde el primer día del mes de ingreso de las cuotas debidas.

3. Reincorporación al Sistema Especial de Trabajadores por Cuenta Ajena Agrarios

Existen mecanismos de reincorporación al Sistema Especial, según el motivo de la exclusión y si esta se ha producido en actividad o inactividad. Los trabajadores excluidos de dicho sistema especial podrán reincorporarse de nuevo, siempre y cuando cumplan los siguientes requisitos (art. 253.5 de la LGSS):

- Haber realizado un mínimo de 30 jornadas reales en un periodo continuado de 365 días anteriores a la fecha de efectos del reinicio de la cotización por periodos de inactividad. Este requisito no se exigirá si el trabajador hubiese quedado excluido de forma voluntaria por:

1. Encontrarse en el desempeño de otra actividad que hubiese determinado su alta en otro régimen de la Seguridad Social.

2. Encontrarse en situación asimilada. Para este supuesto significa encontrarse percibiendo una prestación por maternidad, paternidad, incapacidad permanente o muerte y supervivencia, y solicitar la reincorporación dentro de los tres meses siguientes a la fecha de la baja o de la finalización de la situación asimilada.

- Estar al corriente en el ingreso de la cuota correspondiente a periodos de inactividad.

Los efectos de la reincorporación en el sistema especial, a efectos de la cotización durante los períodos de inactividad, tendrán lugar:

1.º Si la exclusión fue voluntaria por parte del trabajador, desde el día primero del mes siguiente al de la presentación de la solicitud de reincorporación por parte del trabajador.

En el supuesto de que el trabajador provenga de una situación de alta por otra actividad o de una situación asimilada a la de alta y solicite su reincorporación dentro de los tres meses antes señalados, podrá optar porque sus efectos tengan lugar bien desde la fecha de efectos de la baja por esa otra actividad o de la extinción de dicha situación asimilada o bien desde el día primero del mes siguiente al de presentación de la solicitud.

2.º Si la exclusión fue de oficio por la TGSS, por el incumplimiento relativo a la realización del mínimo de jornadas reales exigido, desde el día primero del mes siguiente al del cumplimiento de dicho requisito.

3.º Si la exclusión se hubiera producido de oficio por falta de ingreso de la cotización correspondiente a los períodos de inactividad, desde el día primero del mes siguiente al de la presentación de la solicitud de reincorporación salvo que el trabajador opte porque los efectos tengan lugar desde el día primero del mes de ingreso de las cuotas debidas.

CUESTIÓN

¿Cuándo hemos de solicitar la reincorporación al Sistema Especial de Trabajadores por Cuenta Ajena Agrarios? ¿Cuándo surte efectos?

Según la TGSS, será necesario haber realizado 30 jornadas reales en los 365 días anteriores y estar al corriente de ingreso de cuotas de periodos de inactividad. Si la reincorporación es causada por el cese en otra actividad o situación asimilada al alta, el plazo de presentación es de 3 meses siguientes a dicha fecha.

JURISPRUDENCIA

STS, rec. 84/2008, de 13 abril 2009, ECLI:ES:TS:2009:3534

Analizando el reconocimiento de «prestación de servicios» en la fecha de la contingencia (no realizaba actividad) para el acceso a la prestación de incapacidad temporal en el Régimen Especial Agrario por cuenta ajena con un contrato de duración determinada, el TS entiende que **el requisito de estar en situación de prestación efectiva de servicios en la fecha de la contingencia incapacidad es decisivo,** porque cumple (en el Régimen Especial Agrario) la misma función que el requisito del alta en el Régimen general.

2.1.3. Cotización de trabajadores agrarios por cuenta ajena

La cotización dentro del Sistema Especial para Trabajadores por Cuenta Ajena Agrarios establecido en el Régimen General de la Seguridad Social podrá efectuarse, a opción del empresario, por **bases diarias**, en función de las jornadas reales realizadas, o por **bases mensuales** diferenciando entre los **períodos de actividad y de inactividad**. De no ejercitarse expresamente dicha opción por el empresario, se entenderá que ha elegido la modalidad de bases mensuales de cotización.

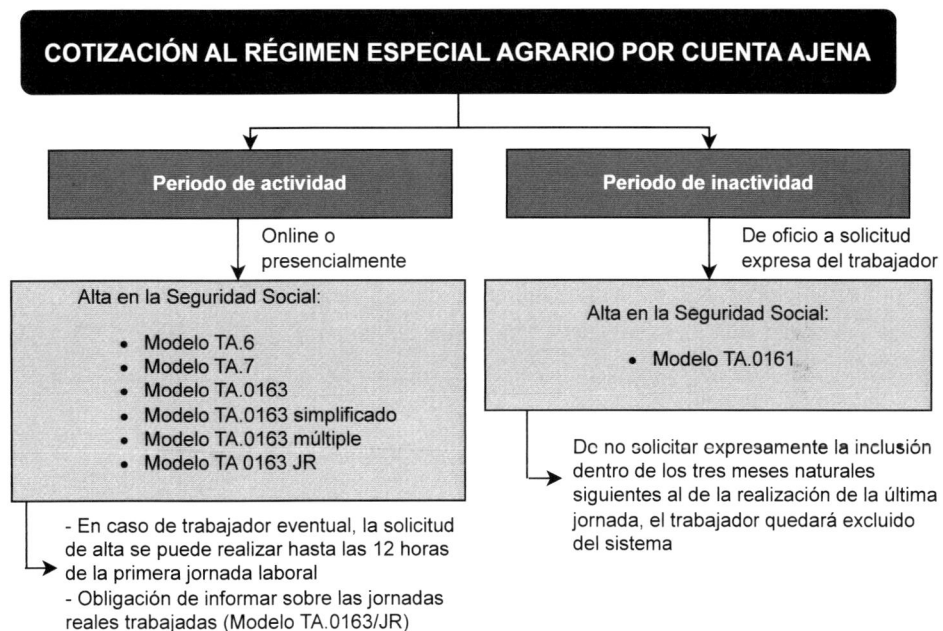

Las bases se calcularán:

- Contingencias comunes: con arreglo a las normas de Régimen General (en función de las retribuciones percibidas), teniendo en cuenta los topes mínimos y máximos determinados anualmente según se cotice por la modalidad mensual o por jornada real.

- Contingencias profesionales: con arreglo a las normas de Régimen General (en función de las retribuciones percibidas), teniendo en cuenta los topes mínimos y máximos de Régimen General.

Con independencia del número de horas de trabajo realizadas en cada jornada, la base de cotización de los trabajadores incluidos en el Sistema Especial para Trabajadores por Cuenta Ajena Agrarios **no podrá tener desde el 1 de enero de 2025 una cuantía inferior a 60,05 euros/día [art. 44 de la Orden PJC/178/2025, de 25 de febrero].**

2.1.3.1. Cotización de trabajadores agrarios por cuenta ajena durante períodos de actividad

1. Bases mensuales de cotización

Las bases mensuales aplicables para los trabajadores incluidos en este Sistema Especial que presten servicios durante todo el mes se determinarán conforme a lo establecido en el art. 147 de la LGSS con aplicación de las siguientes bases máxima y mínima [art. 14.1.a) de la Orden PJC/178/2025, de 25 de febrero]:

Grupo de cotización	Categorías profesionales	Bases mínimas – Euros/mes	Bases máximas – Euros/mes
1	Ingenieros y Licenciados. Personal de alta dirección no incluido en el artículo 1.3.c) del Estatuto de los Trabajadores.	1.929,00	4.909,50
2	Ingenieros Técnicos, Peritos y Ayudantes Titulados.	1.599,60	4.909,50
3	Jefes Administrativos y de Taller.	1.391,70	4.909,50
4	Ayudantes no Titulados.	1.381,20	4.909,50
5	Oficiales Administrativos.	1.381,20	4.909,50
6	Subalternos	1.381,20	4.909,50
7	Auxiliares Administrativos.	1.381,20	4.909,50
8	Oficiales de primera y segunda.	1.381,20	4.909,50
9	Oficiales de tercera y Especialistas.	1.381,20	4.909,50
10	Peones	1.381,20	4.909,50
11	Trabajadores menores de 18 años.	1.381,20	4.909,50

A TENER EN CUENTA

- Las empresas que opten por esta modalidad de cotización mensual deberán comunicar dicha opción a la Tesorería General de la Seguridad Social al inicio de la actividad de los trabajadores, en los términos y condiciones que determine dicho servicio común de la Seguridad Social.

– Esta modalidad de cotización deberá mantenerse durante todo el período de prestación de servicios, cuya finalización deberá comunicarse igualmente a la Tesorería General de la Seguridad Social, en los términos y condiciones que esta determine.

– Cuando los trabajadores inicien o finalicen su actividad sin coincidir con el principio o fin de un mes natural, siempre que dicha actividad tenga una duración de, al menos, treinta días naturales consecutivos, la cotización se realizará con carácter proporcional a los días trabajados en el mes.

– Esta modalidad de cotización mensual resultará de aplicación con carácter obligatorio para los trabajadores por cuenta ajena con contrato indefinido, sin incluir entre estos a los que presten servicios con carácter fijo discontinuo, respecto a los cuales tendrá carácter opcional.

– El recargo en la cotización para los contratos de duración determinada inferiores a 30 días no resultará aplicable en este régimen especial.

2. Bases diarias de cotización por jornadas reales

Durante el año 2025, los importes de las bases diarias de cotización por jornadas reales tanto por contingencias comunes como profesionales correspondientes a cada uno de los grupos de trabajadores que realicen labores agrarias por cuenta ajena, y respecto a los cuales no se hubiera optado por la modalidad de cotización por bases mensuales anterior, se determinarán conforme a lo establecido en el art. 147 de la Ley General de la Seguridad Social [art. 14.1.a) de la Orden PJC/178/2025, de 25 de febrero]:

A TENER EN CUENTA. Cuando se realicen en el mes natural 22 o más jornadas reales, la base de cotización correspondiente a las mismas será la establecida en el punto anterior.

3. Tipos aplicables

Los tipos aplicables a la cotización de los trabajadores por cuenta ajena incluidos en este sistema especial serán los siguientes durante los períodos de actividad son:

• Para la cotización por contingencias comunes respecto a los trabajadores encuadrados en el grupo de cotización 1, el 28,30 por ciento, siendo el 23,60 por ciento a cargo de la empresa y el 4,70 por ciento a cargo del trabajador.

• Respecto a los trabajadores encuadrados en los grupos de cotización 2 a 11, el 25,66 por ciento, siendo el 20,96 por ciento a cargo de la empresa y el 4,70 por ciento a cargo del trabajador.

• Para la cotización por contingencias de accidentes de trabajo y enfermedades profesionales, se aplicarán los tipos de cotización de la tarifa de primas aprobada por la disposición adicional cuarta de la Ley 42/2006, de 28 de diciembre, de Presupuestos Generales del Estado para el año 2007, siendo las primas resultantes a cargo exclusivo de la empresa.

4. Reducciones

La reducción SEA es una reducción que tienen todos los trabajadores pertenecientes al Régimen Agrario y debe calcularse en función de lo establecido en la Orden de cotización anual y la D.T. 18.ª de la LGSS (también puede consultarse el Boletín de Noticias RED de la TGSS n.º 2011/12, de 7 de diciembre). Su aplicación es obligatoria para este Sistema Especial.

A partir del 1 de enero de 2025, se aplicarán las siguientes reducciones en las aportaciones empresariales a la cotización a este sistema especial durante los períodos de actividad con prestación de servicios (art. 14.4. de la Orden PJC/178/2025, de 25 de febrero):

- En la cotización respecto a los trabajadores encuadrados en el grupo de cotización 1, se aplicará una reducción de 8,10 puntos porcentuales de la base de cotización, resultando un tipo efectivo de cotización por contingencias comunes del 15,50 por ciento. En ningún caso la cuota empresarial resultante será superior a 279,00 euros al mes o 12,68 euros por jornada real trabajada.

- En la cotización respecto de los trabajadores encuadrados en los grupos de cotización 2 al 11, la reducción se ajustará a la siguiente regla:

% reducción mes o jornada año 2025 = % reducción año 2021 a la base mes o jornada de 2025 + [(8,10% - % reducción año 2021 a la base mes o jornada 2025)/10] x 4

A TENER EN CUENTA. La cuota empresarial resultante no podrá ser inferior a 163,84 euros mensuales o 7,45 euros por jornada real trabajada.

---

5. Situaciones especiales: cotización durante las situaciones de incapacidad temporal, riesgo durante el embarazo y riesgo durante la lactancia natural, así como de nacimiento y cuidado del menor y corresponsabilidad en el cuidado del lactante causadas durante la situación de actividad

La cotización se efectuará en función de la modalidad de contratación de los trabajadores:

- **Respecto de los trabajadores agrarios con contrato indefinido,** la cotización durante las referidas situaciones se regirá por las normas aplicables con carácter general en el Régimen General de la Seguridad Social. El tipo resultante a aplicar será:

  1.º Para los trabajadores encuadrados en el grupo de cotización 1, el tipo del 15,50 por ciento, aplicable a la base de cotización por contingencias comunes [art. 14.5.a).1.º) de la Orden PJC/178/2025, de 25 de febrero].

  2.º Para los trabajadores encuadrados en los grupos de cotización 2 a 11, el tipo del 2,75 por ciento, aplicable a la base de cotización por contingencias comunes.

Para todos los trabajadores, cualquiera que sea su grupo de cotización, en la cotización por desempleo se aplicará una reducción en la cuota equivalente a 2,75 puntos porcentuales de la base de cotización.

- **Respecto de los trabajadores agrarios con contrato temporal y fijo discontinuo,** resultará de aplicación lo establecido para los trabajadores agrarios con contrato indefinido en relación a los días contratados en los que no hayan podido prestar sus servicios por encontrarse en alguna de las situaciones antes indicadas.

En cuanto a los días en los que no esté prevista la prestación de servicios, estos trabajadores estarán obligados a ingresar la cotización correspondiente a los períodos de inactividad, excepto en los supuestos de percepción de los subsidios por maternidad y paternidad, que tendrán la consideración de períodos de cotización efectiva a efectos de las correspondientes prestaciones por jubilación, incapacidad permanente y muerte y supervivencia.

> **A TENER EN CUENTA.** En este sistema especial será de aplicación la exoneración de cuotas de contingencias comunes excepto incapacidad temporal, prevista en el 152 de la LGSS, respecto de los trabajadores por cuenta ajena, una vez hayan alcanzado la edad de acceso a la pensión de jubilación que en cada caso resulte de aplicación según lo establecido en el art. 205.1.a) de la LGSS.

6. Horas extraordinarias

Con relación a los trabajadores incluidos en el sistema especial, no resultará de aplicación la cotización adicional por horas extraordinarias a que se refiere el artículo 122 de la Ley 31/2022, de 23 de diciembre, de Presupuestos Generales del Estado para el año 2023 (art. 14.7 de la Orden PJC/178/2025, de 25 de febrero).

7. Cotización durante la percepción de la prestación por desempleo

Durante la percepción de la prestación por desempleo de nivel contributivo, si corresponde cotizar en este sistema especial, la base de cotización será la establecida de forma general para la situación de desempleo protegido (art. 8 de la Orden PJC/178/2025, de 25 de febrero).

El tipo de cotización será el 11 por ciento (art. 14.6 de la Orden PJC/178/2025, de 25 de febrero).

8. Bonificación por la transformación de contratos

La transformación de contratos temporales en el contrato por tiempo indefinido fijo-discontinuo (art. 16 de la LETA), dará derecho, durante los tres años siguientes, a una bonificación en la cotización de 55 euros/mes, o de 73 euros/mes en el caso de mujeres, cuando la citada transformación corresponda a contratos temporales suscritos con personas trabajadoras por cuenta ajena agrarias incluidas en el Sistema Especial para Trabajadores por Cuenta Ajena Agrarios (art. 29 del Real Decreto-ley 1/2023, de 10 de enero).

9. Mecanismo de equidad intergeneracional (MEI)

Se aplica a los períodos de actividad, el 0,80 por ciento sobre la base de cotización por contingencias comunes, del que el 0,67 por ciento será a cargo de la empresa y el 0,13 por ciento, a cargo del trabajador. Se aplica a los períodos de inactividad, el 0,70 por ciento sobre la base de cotización por contingencias comunes, a cargo del trabajador.

A TENER EN CUENTA. En el Sistema Especial para Trabajadores por Cuenta Ajena Agrarios el MEI se aplicará tanto a los períodos de actividad, con la distribución entre empleador y persona trabajadora antes indicada, como a los períodos de inactividad, en los que esta cotización correrá a cargo exclusivo de la persona trabajadora (art. 16 de la Orden PJC/178/2025, de 25 de febrero).

2.1.3.2. Cotización de trabajadores agrarios por cuenta ajena durante períodos de inactividad

La cotización dentro del Sistema Especial para Trabajadores por Cuenta Ajena Agrarios establecido en el Régimen General de la Seguridad Social, podrá efectuarse, a opción del empresario, por jornadas reales (número de días en el mes natural en los que se han realizado jornadas efectivas de trabajo) o por bases de cotización mensuales (opción obligatoria para los contratos indefinidos (no fijos discontinuos).

En los periodos de inactividad será el trabajador/a (a mes vencido y una vez conocidos los jornales realizados) el que tenga que cotizar un 11,50 por 100 del equivalente a la base mínima de cotización del Régimen General.

Durante los períodos de inactividad en las labores agrarias se aplicarán las siguientes **reglas** (art. 255.3 de la LGSS):

- El **propio trabajador será el sujeto responsable** del cumplimiento de la obligación de cotizar y del ingreso de las cuotas correspondientes.

- La cotización tendrá **carácter mensual** y se calculará mediante la fórmula que se determine en la Ley de Presupuestos Generales del Estado correspondiente a cada ejercicio.

- El importe de la base mensual de cotización de los trabajadores agrarios por cuenta ajena incluidos en este sistema especial será, durante los períodos de inactividad dentro del mes natural, el establecido para la base mínima por contingencias comunes correspondiente al **grupo 7** de la escala de grupos de cotización del Régimen General de la Seguridad Social.

- Durante los períodos de inactividad, el tipo de cotización será el 11,50 por ciento (a cargo exclusivo del trabajador).

- Con efectos desde el 1 de enero de 2024, a los trabajadores que hubiesen realizado un máximo de 55 jornadas reales cotizadas en el año 2023 se les aplicará a las cuotas resultantes durante los periodos de inactividad en 2024 una reducción del 19,11 por ciento.

Según el art. 14.2 de la Orden PJC/178/2025, de 25 de febrero:

- La base mensual de cotización aplicable para los trabajadores por cuenta ajena incluidos en este sistema especial será, durante los períodos de inactividad, dentro del mes natural, la base mínima de cotización por contingencias comunes correspondiente al grupo 7 de la escala de grupos de cotización del Régimen General.

- A estos efectos, se entenderá que existen periodos de inactividad dentro de un mes natural cuando el número de días naturales en que el trabajador figure de alta en el sistema especial en dicho mes sea superior al número de jornadas reales en el mismo multiplicado por 1,3636.

- El número de días de inactividad del mes es la diferencia entre los días en alta laboral en el mes y el número de jornadas reales en el mes multiplicadas por 1,3636.

- La cotización por los días de inactividad en el mes es el resultado de multiplicar el número de días de inactividad en el mes por la base de cotización diaria correspondiente al Régimen General y por el tipo de cotización aplicable.

A TENER EN CUENTA. Con efectos de 01/07/2024, se modifica la D.A. 8.ª del Real Decreto 1415/2004, de 11 de junio, por parte del Real Decreto 322/2024, de 26 de marzo: el pago de las cuotas durante los periodos de inactividad de los trabajadores incluidos en el Sistema Especial para Trabajadores por Cuenta Ajena Agrarios debe realizarse mediante domiciliación bancaria.

CUESTIONES

1. ¿Cuándo existen periodos de inactividad?

A estos efectos, se entenderá que existen periodos de inactividad dentro de un mes natural cuando el número de días naturales en que el trabajador figure de alta en el sistema especial en dicho mes sea superior al número de jornadas reales en el mismo multiplicado por 1,3636.

2. ¿Cómo se calculan los días de periodos de inactividad?

El número de días de inactividad del mes es la diferencia entre los días en alta laboral en el mes y el número de jornadas reales en el mes multiplicadas por 1,3636.

3. ¿Cómo se calcula la cantidad a cotizar por los días de inactividad?

La cotización por los días de inactividad en el mes es el resultado de multiplicar el número de días de inactividad en el mes por la base de cotización diaria correspondiente y por el tipo de cotización aplicable.

2.1.4. Prestaciones de la seguridad social para los trabajadores agrarios por cuenta ajena

La Ley General de la Seguridad Social de 2015 supuso la incorporación al texto refundido de lo establecido en la parcialmente derogada Ley 28/2011, de 22 de septiembre, regulándose en el art. 256 de la LGSS la acción protectora de este colectivo.

Los trabajadores incluidos en el Sistema Especial para Trabajadores por Cuenta Ajena Agrarios tendrán derecho a las prestaciones de la Seguridad Social en los términos y condiciones establecidos en el Régimen General de la Seguridad Social, con las peculiaridades que se señalan a continuación (art. 256 de la LGSS):

1. Durante los **períodos de actividad**, tendrán derecho a todas las prestaciones establecidas en el Régimen General de la Seguridad Social. No obstante, durante los **períodos de inactividad**, la acción protectora comprenderá las prestaciones económicas por nacimiento y cuidado de menor, incapacidad permanente, muerte y supervivencia, derivadas de contingencias comunes, así como jubilación.

2. Para el acceso a las modalidades de **jubilación anticipada** previstas en los arts. 207 (por causa no imputable al trabajador) y 208 (por voluntad del interesado) de la LGSS y a efectos de acreditar el requisito del período mínimo de cotización efectiva establecido para ellas, será necesario que, en los últimos diez años cotizados, al menos seis correspondan a períodos de actividad efectiva en este sistema especial. A estos efectos, se computarán también los períodos de percepción de prestaciones por desempleo de nivel contributivo en este sistema especial.

3. Para el acceso a las modalidades de **jubilación anticipada** (arts. 207 y 208 de la LGSS), a efectos de acreditar el requisito del período mínimo de cotización efectiva, será necesario que, en los últimos diez años cotizados, al menos seis correspondan a períodos de actividad efectiva en este sistema especial. A estos efectos, se computarán también los períodos de percepción de prestaciones por desempleo de nivel contributivo en este sistema especial.

4. Durante la situación de **incapacidad temporal derivada de enfermedad común** y en los términos reglamentariamente establecidos, la cuantía de la base reguladora del subsidio no podrá ser superior al promedio mensual de la base de cotización correspondiente a los días efectivamente trabajados durante los últimos 12 meses anteriores a la baja médica. La **prestación económica por incapacidad temporal** causada por los trabajadores incluidos en el sistema especial será abonada directamente por la entidad a la que corresponda su gestión, no procediendo el pago delegado de la misma, a excepción de los supuestos en que aquellos estén percibiendo la prestación contributiva por desempleo y pasen a la situación de incapacidad temporal a que se refiere el apdo. 2 del art. 283 de la LGSS. (Criterio de Gestión n.º 8/2025, de 4 de abril de 2025).

5. Para el cálculo de la base reguladora de las **pensiones de incapacidad permanente derivada de contingencias comunes** y de **jubilación causadas por los trabajadores agrarios por cuenta ajena** respecto de los periodos cotizados en este sistema especial solo se tendrán en cuenta los períodos realmente cotizados, no resultando de aplicación lo previsto en los arts. 197.4 y 209.1.b) de la LGSS.

6. Respecto a la protección por **desempleo**, resultará de aplicación lo establecido con carácter general (título III de la LGSS) con las particularidades previstas en los arts. 286-289 de la LGSS.

Para el reconocimiento de las correspondientes prestaciones económicas **será necesario que los trabajadores se hallen al corriente en el pago de las cotizaciones correspondientes a los períodos de inactividad**, de cuyo ingreso son responsables (art. 256.2 de la LGSS, en consonancia con el art. 47 de la LGSS).

A TENER EN CUENTA. El SETCA evita la desprotección de los trabajadores agrarios en los periodos de inactividad pero no les reconoce la misma protección que a los trabajadores que están prestando servicios y percibiendo salarios, por lo que ha excluido varias prestaciones de la Seguridad Social, incluido el subsidio por incapacidad temporal derivado de enfermedad común. A modo de ej., cuando el trabajador se encuentra en un periodo de inactividad, no percibe salarios. Sin embargo, si tiene un hijo cuando está en un periodo de inactividad, se le abona la correspondiente prestación por nacimiento y cuidado de menor. Por el contrario, si está en un periodo de inactividad y padece una enfermedad común que le impide trabajar, no tiene derecho a la prestación de incapacidad temporal. (STS n.º 239/2024, de 7 de febrero del 2024, ECLI:ES:TS:2024:793).

CUESTIONES

1. Una persona trabajadora por cuenta ajena agraria, habiendo cotizado en el mes anterior, sufre una IT por enfermedad común o accidente no laboral en el mes que no está en activo, ¿tiene derecho a percibir de incapacidad temporal?

No es suficiente con que existan cotizaciones en el mes inmediato anterior a la fecha de la IT. Para tener derecho a dicha prestación por contingencias comunes ha de haber prestación efectiva de servicios en la fecha del hecho incapacitante.

Atendiendo al art. 256.3 de la LGSS: «Durante los períodos de inactividad, la acción protectora del sistema especial comprenderá las prestaciones económicas por maternidad, paternidad, incapacidad permanente y muerte y supervivencia derivadas de contingencias comunes, así como jubilación». (STS, rec. 2522/2012, de 16 de julio de 2013, ECLI:ES:TS:2013:4395).

2. Si un trabajador del SETCAA solicita una prestación sin estar al corriente de pago, ¿tendrá acceso?

Operará el vigente art. 28.2 del Decreto 2530/1970, de 20 de agosto:

«(...) si cubierto el período mínimo de cotización preciso para tener derecho a la prestación de que se trate se solicitara ésta y la persona incluida en el campo de aplicación de este régimen especial no estuviera al corriente en el pago de las restantes cuotas exigibles en la fecha en que se entienda causada la prestación la entidad gestora invitará al interesado para que en el plazo improrrogable de treinta días naturales a partir de la invitación ingrese las cuotas debidas.

Si el interesado, atendiendo la invitación, ingresase las cuotas adeudadas dentro del plazo señalado en el párrafo anterior, se le considerará al corriente en las mismas a efectos de la prestación solicitada. Si el ingreso se realizase fuera de dicho plazo, se concederá la prestación menos un veinte por ciento, si se trata de prestaciones de pago único y subsidios temporales; si se trata de pensiones, se concederán las mismas con efectos a partir del día primero del mes siguiente a aquel en que tuvo lugar el ingreso de las cuotas adeudadas».

3. ¿Existe una plena equiparación entre las prestaciones del RGSS y el SETCAA?

En determinadas prestaciones no. Como analizaremos, existen prestaciones en las que se exigen requisitos adicionales (jubilación anticipada) o encontrarse al corriente en el pago de cuotas por los periodos de inactividad; no se aplica el mecanismo de integración de lagunas en la base reguladora de las pensiones de jubilación e incapacidad permanente por contingencias comunes; y se da una compatibilidad entre el percibo de la pensión de jubilación y las labores agrarias esporádicas u ocasionales en el sistema especial.

4. ¿Es necesario estar al corriente en el pago de las cuotas en el Régimen Especial Agrario por cuenta ajena de la Seguridad Social para lucrar las prestaciones?

El artículo 165.4 de la Ley General de la Seguridad Social establece: «No se exigirán períodos previos de cotización para el derecho a las prestaciones derivadas de accidente, sea o no de trabajo, o de enfermedad profesional, **salvo disposición legal expresa en contrario**».

A pesar de que las prestaciones que se reconocen este régimen se otorgan con la misma extensión, forma, términos y condiciones que en el Régimen General, también existen particularidades propias del sistema especial, entre las que se encuentra estar al corriente en el pago de las cuotas en la forma y con el alcance descritos anteriormente cuando se trate de prestaciones por muerte derivada de accidente, seo o no laboral (art. 256.2 de la LGSS, en consonancia con el art. 47 de la LGSS). (STSJ de Canarias, rec. 579/2004, de 14 de enero de 2005, ECLI:ES:TSJICAN:2005:93).

JURISPRUDENCIA

STS n.º 577/2017, de 4 de julio de 2017, ECLI:ES:TS:2017:2896

El debate gira en torno a si el trabajador tenía derecho a la prestación de incapacidad temporal a pesar de que el accidente ocurrió en un día en el que no figuraba en situación de trabajo real. La sentencia del JS de Burgos y la del TSJ de Castilla y León estimaron el recurso del trabajador, argumentando que la falta de cotización suficiente por parte de la empresa en el momento del accidente era la causa que le impedía acceder a dicha prestación. La empresa recurrió en casación ante el Tribunal Supremo alegando que la cotización se había realizado de acuerdo con el contrato y el régimen especial agario aplicable.

El TS entiende la responsabilidad de la empresa en el pago de las prestaciones de incapacidad temporal.

STS, rec. 618/2004, de 15 de marzo de 2005, ECLI:ES:TS:2005:1589

El Tribunal Supremo ha considerado que únicamente debe reconocerse a los trabajadores por cuenta propia incluidos en el Régimen Especial Agrario el incremento del 20 por 100 consecuencia del reconocimiento de la incapacidad permanente total «cualificada» cuando se trate de situaciones de incapacidad permanente declaradas con posterioridad a la aplicación del Real Decreto 463/2003, de 25 de abril (1 de enero de 2003).

STS, rec. 4225/2007, de 1 de julio de 2008, ECLI:ES:TS:2008:4560

«Previsiones legales que son aplicables a todos los supuestos de descubiertos de cuotas en el momento del hecho causante, incluso cuando se hayan abonado luego o cuando el descubierto se limite a un solo mes; salvo que concurran circunstancias excepcionales, como que la omisión se haya debido a error bancario y no a la conducta del asegurado, que aquí no concurren. Interpretación que se apoya en el dato normativo de que, a diferencia de lo que ocurre en el ámbito de las pensiones, la ley no ha previsto para la prestación de incapacidad temporal de los trabajadores por

cuenta ajena "plazo" para ponerse al corriente de cuotas atrasadas o "excepción" de tal requisito».

1. Incapacidad temporal

Como hemos analizado, el SETCA regula la cotización tanto en los periodos de actividad como de inactividad. La cotización en los periodos de inactividad responde a la finalidad de evitar la desprotección de los trabajadores por cuenta ajena agrarios que no prestan servicios ininterrumpidamente sino en función de las concretas necesidades agrícolas, que pueden limitarse a breves periodos de tiempo. En los **periodos de actividad** el empleador es responsable de ingresar las cotizaciones. Por el contrario, en los **periodos de inactividad** es el propio trabajador el que debe cotizar conforme a una base mínima. (STS n.° 239/2024, de 7 de febrero, ECLI:ES:TS:2024:793).

Para el reconocimiento de las correspondientes prestaciones económicas por IT en el SETCAA será necesario cumplir con una serie de requisitos arts. 169, 172 y 256.1, 256.2, 256.5 y 256.6 de la LGSS):

- Estar afiliados y en alta en dicho régimen o en situación asimilada a la de alta al sobrevenir la contingencia o situación protegida, salvo disposición legal expresa en contrario (art. 165.1 de la LGSS).

- Hallarse al corriente en el pago de las cotizaciones correspondientes a los períodos de inactividad de cuyo ingreso son responsables.

- Acrediten los siguientes períodos mínimos de cotización (art. 172 de la LGSS):

  » En caso de enfermedad común, 180 días dentro de los cinco años inmediatamente anteriores al hecho causante. A efectos de acreditar este periodo de carencia [apdo. a) del art. 172 de la LGSS] para causar derecho a la prestación de IT, se tendrán en cuenta las cotizaciones efectuadas durante la situación de inactividad por el trabajador incluido en el campo de aplicación del SETACA. (Criterio de Gestión n.° 8/2025, de 4 de abril de 2025, STS n.° 239/2024, de 7 de febrero del 2024, ECLI:ES:TS:2024:793, STS n.° 861/2024, de 4 de junio del 2024, ECLI:ES:TS:2024:3492 y STS n.° 26/2025, de 15 de enero, ECLI:ES:TS:2025:132).

  » En caso de accidente, sea o no de trabajo, y de enfermedad profesional, no se exigirá ningún período previo de cotización.

El apdo. 3 del art. 256 de la LGSS no incluye la incapacidad temporal dentro de la protección dispensada durante los periodos de inactividad. En los periodos de actividad, la cuantía de la base reguladora del subsidio por IT no podrá ser superior al promedio mensual de la base de cotización correspondiente a los días efectivamente trabajados durante los últimos doce meses anteriores a la baja médica (art. 256.5 de la LGSS).

A TENER EN CUENTA. El apdo. 3 del art. 256 de la LGSS limita la acción protectora del SETCA durante los periodos de inactividad. Solo comprende las prestaciones mencionadas en ese precepto: «maternidad, paternidad, incapacidad permanente y muerte y supervivencia derivadas de contingencias comunes, así como jubilación». Ello significa que el trabajador de alta en el SETCA no puede iniciar un proceso de incapacidad temporal derivado de enfermedad común durante el periodo de inactividad, aunque esté cotizando.

La prestación económica por incapacidad temporal causada por los trabajadores incluidos en el sistema especial será abonada directamente por la entidad a la que corresponda su gestión, no procediendo el pago delegado de la misma, a excepción de los supuestos en que aquellos estén percibiendo la prestación contributiva por desempleo y pasen a la situación de incapacidad temporal (art. 256.6 y 283.2 de la LGSS).

La prestación económica en las diversas situaciones constitutivas de incapacidad laboral transitoria consistirá en un subsidio equivalente a un tanto por ciento sobre la base reguladora [base de cotización del mes anterior a la baja médica (ya sea por jornadas o cotización mensual) entre los días naturales que el trabajador estuvo de alta en el mes].

Porcentaje aplicable	Enfermedad común/ accidente no laboral.	• Del 1.º al 3.º: días a cargo del trabajador. • Del 4.º al 15.º: la incapacidad temporal será a cargo de la empresa ya sea jornadas reales o bases mensuales. • Del 16.º al 20.º: pago directo de la mutua, a razón del 60 % de la BR. • Del 21.º en adelante: pago directo de la mutua, a razón del 75 % de la BR.
	Enfermedad profesional o Accidente de trabajo.	Desde el día siguiente a la baja: pago directo de la mutua, a razón del 75 % de la BR.

A TENER EN CUENTA. Para tener derecho a la prestación de IT en el Régimen Especial Agrario de la Seguridad Social ha de haber prestación efectiva de servicios en la fecha del hecho incapacitante. (STS, rec. 84/2008, de 13 de abril de 2009, ECLI:ECLI:ES:TS:2009:3534; STS, rec. 568/2006, de 6 de junio de 2007, ECLI:ES:TS:2007:7743 y STS, rec. 2522/2012, de 16 de julio de 2013, ECLI:ES:TS:2013:4395).

RESOLUCIONES RELEVANTES

STSJ de Andalucía n.º 2457/2018, de 25 de octubre de 2018, ECLI:ES:TSJAND:2018:12667

Para tener derecho al subsidio de incapacidad temporal se requiere que la baja se produzca en un día efectivo de trabajo y que el beneficiario acredite ciento ochenta días cotizados en los últimos cinco años.

JURISPRUDENCIA

STS n.º 861/2024, de 4 de junio del 2024, ECLI:ES:TS:2024:3492

La cotización del trabajador por por cuenta ajena agrario durante los periodos de inactividad debe computarse para alcanzar el periodo de carencia exigido para la IT por enfermedad común. Debemos aplicar el apdo. a) del art.172 de la LGSS, el cual establece que el subsidio de incapacidad temporal derivado de enfermedad común exige un periodo mínimo de cotización de 180 días en los cinco años inmediatamente anteriores al hecho causante. A diferencia de la norma que limita las prestaciones que se devenguen durante los periodos de inactividad, no hay precepto alguno que excluya las cotizaciones efectuadas por el propio trabajador agrario durante los periodos de inactividad. Por ende, ante la inexistencia de norma que las excluya, esas cotizaciones a la Seguridad Social deben computarse a efectos de alcanzar la carencia exigida para devengar el subsidio de incapacidad temporal por enfermedad común: no deben excluirse las cotizaciones realizadas por el propio trabajador cuando se encuentra en un periodo de inactividad.

STS, rec. 4225/2007, de 10 de julio de 2008, ECLI:ES:TS:2008:4560

Se discute si es o no necesario encontrarse al corriente en el pago de las cuotas en el momento de producirse el hecho causante de una prestación (incapacidad temporal) en el ámbito del Régimen Especial Agrario. El Tribunal Supremo, en base a doctrina previa, contesta afirmativamente.

CUESTIÓN

¿Qué implica la limitación de la acción protectora por IT del SETCA durante los periodos de inactividad? ¿y si la persona trabajadora tiene un hijo durante los periodos de inactividad?

El SETCA evita la desprotección de los trabajadores agrarios en los periodos de inactividad pero no les reconoce la misma protección que a los trabajadores que están prestando servicios y percibiendo salarios, por lo que ha excluido varias prestaciones de la Seguridad Social, incluido el subsidio por incapacidad temporal derivado de enfermedad común. Sin embargo, si tiene un hijo cuando está en un periodo de inactividad, se le abona la correspondiente prestación por nacimiento y cuidado de menor. Por el contrario, si está en un periodo de inactividad y padece una enfermedad común que le impide trabajar, no tiene derecho a la prestación de incapacidad temporal.

2. Desempleo

|| a) A efectos prestacionales

El apdo. 8 del art. 256 de la LGSS concreta: *«Respecto a la protección por desempleo, resultará de aplicación lo establecido en el título III con las particularidades previstas en la sección 1.ª del capítulo V de dicho título».* De esta forma, los trabajadores incluidos en el SETCAA tendrán derecho a la protección por desempleo diferenciando **tres colectivos:**

- Trabajadores por cuenta ajena agrarios fijos y fijos discontinuos, *«se aplicará conforme a lo establecido con carácter general en este título, así como específicamente en el apartado 1.a). 1.ª del artículo siguiente».* Es decir, a este colectivo le será de aplicación la regulación general sin diferencias con el RGSS.

- Trabajadores por cuenta ajena agrarios eventuales, «se aplicará conforme a lo establecido específicamente en el artículo siguiente [art. 287 de la LGSS] y con carácter general en esta sección».

- Trabajadores por cuenta ajena agrarios eventuales residentes en las Comunidades Autónomas de Andalucía y Extremadura, *«se re-*

girá por lo dispuesto en el artículo 288». Los **trabajadores por cuenta ajena eventuales agrarios**, incluidos en el Sistema Especial para Trabajadores por Cuenta Ajena Agrarios y residentes en las Comunidades Autónomas de Andalucía y Extremadura, tendrán derecho, bien al desempleo de los trabajadores agrarios eventuales (art. 287 de la LGSS), o bien a la renta agraria (Real Decreto 426/2003, de 11 de abril).

|| b) Cotización durante la percepción de la prestación por desempleo

En contraposición con lo que sucede en el RGSS (donde la entidad gestora ingresa las cotizaciones a la Seguridad Social asumiendo la aportación empresarial), durante la percepción de la prestación por desempleo de nivel contributivo de los trabajadores del SETCAA, la base de cotización a la Seguridad Social de aquellos trabajadores por los que exista obligación legal de cotizar será la establecida, con carácter general, en la correspondiente Ley de Presupuestos Generales del Estado tanto en los supuestos de extinción de la relación laboral como en los de suspensión de esta y de reducción de jornada, calculada en función de las bases correspondientes a los períodos de actividad.

El tipo de cotización será el correspondiente a los períodos de inactividad (art. 255.3 de la LGSS).

Durante la percepción de la prestación por desempleo, el 73,50 por ciento de la aportación del trabajador a la Seguridad Social correrá a cargo de la entidad gestora, siendo el 26,50 por ciento restante a cargo del trabajador y descontándose de la cuantía de la prestación (art. 289.2 de la LGSS).

|| c) Cotización durante la percepción del subsidio por desempleo

Durante la percepción del subsidio por desempleo (art. 274 de la LGSS), la base de cotización a la Seguridad Social será el tope mínimo de cotización vigente en cada momento en el Régimen General.

El tipo de cotización será el correspondiente a los períodos de inactividad y se cotizará exclusivamente por la contingencia de jubilación en los casos en los que así venga establecido en el art. 280 de la LGSS, aplicando a la cuota el coeficiente reductor que se determine por el Ministerio de Empleo y Seguridad Social.

Durante la percepción de los subsidios por desempleo en los que le corresponda cotizar por jubilación, la entidad gestora tendrá a su cargo la parte de cotización que se establezca, por los días que se perciban de subsidio, conforme a la base y el tipo indicados en el párrafo anterior, correspondiendo el resto de la cotización al trabajador, que será descontado de la cuantía del subsidio y se abonará a la Tesorería General de la Seguridad Social, en su totalidad, por la entidad gestora.

El reconocimiento y la percepción de la prestación o de los subsidios por desempleo, o de la renta agraria, implicará la permanencia de sus beneficiarios en el Sistema Especial para Trabajadores por Cuenta Ajena Agrarios, durante los períodos en los que la entidad gestora esté obligada a cotizar.

3. Jubilación

Para la **jubilación ordinaria** rige por lo establecido con carácter general en el RGSS.

En caso de **jubilación demorada** en este sistema especial serán de aplicación las exenciones en la cotización al Régimen General a partir de la edad de jubilación establecidas en el art. 152 de la LGSS.

La **jubilación anticipada por razón de actividad** encuentra su amparo legal en el apdo. 1 del art. 206 de la LGSS que dispone:

> «La edad mínima de acceso a la pensión de jubilación a la que se refiere el artículo 205.1.a) podrá ser rebajada por real decreto, a propuesta del titular del Ministerio de Inclusión, Seguridad Social y Migraciones, en aquellos grupos o actividades profesionales cuyos trabajos sean de naturaleza excepcionalmente penosa, tóxica, peligrosa o insalubre y acusen elevados índices de morbilidad o mortalidad, siempre que los trabajadores afectados acrediten en la respectiva profesión o trabajo el mínimo de actividad que se establezca».

A pesar de la posible incorporación de los *«trabajos sean de naturaleza excepcionalmente penosa, tóxica, peligrosa o insalubre»*, no se ha incluido esta posibilidad expresamente para ninguna actividad agraria.

La **jubilación anticipada de trabajadores discapacitados**, siguiendo el art. 206 bis de la LGSS y Reales Decretos 1539/2003, de 5 de diciembre y 1851/2009, de 4 de diciembre).

Para el acceso a las **modalidades de jubilación anticipada «por causa no imputable al trabajador» y «por voluntad del interesado»** (arts. 207 y 208 de la LGSS) la equiparación no es absoluta con el RGSS. En el SET-CAA —a efectos de acreditar el requisito del período mínimo de cotización efectiva—, será necesario que, en los últimos diez años cotizados, al menos seis correspondan a períodos de actividad efectiva en este sistema especial. A estos efectos, se computarán también los períodos de percepción de prestaciones por desempleo de nivel contributivo en este sistema especial (art. 256.4 de la LGSS). Esta concreción resulta lógica atendiendo a la obligación de cotizar tanto durante los períodos de actividad como durante los periodos de inactividad de labores agrarias (arts. 253.1 y 255.3 de la LGSS).

En el caso del **contrato de relevo con jubilación parcial**, las personas trabajadoras a tiempo completo del SETCAA podrán acceder a la jubilación parcial, siempre que con carácter simultáneo se celebre un contrato de relevo en los términos previstos en el apdo.7 del art. 12 del Estatuto de los Trabajadores, y se reúnan una serie de requisitos.

CUESTIONES

1. ¿Un trabajador del SETCAA puede jubilarse durante el periodo de inactividad?

Sí. Entre otras, el art. 256.3 de la LGSS incluye el acceso a la prestación de jubilación durante los periodos de inactividad.

2. ¿Cómo se calcula el salario regulador de referencia para la jubilación en el SETCAA?

Siguiendo la norma general tanto para el cálculo de la base reguladora de la pensión de jubilación (art. 209 de la LGSS) como para su cuantía (art. 210 de la LGSS). No obstante, en este sistema no existe integración de lagunas. Según el art. 256.7 de la LGSS: «Para el cálculo de la base reguladora de las pensiones de incapacidad permanente derivada de contingencias comunes y de jubilación causadas por los trabajadores agrarios por cuenta ajena respecto de los periodos cotizados en este sistema especial solo se tendrán en cuenta los períodos realmente cotizados, no resultando de aplicación lo previsto en los artículos 197.4 y 209.1.b)».

3. La pensión de jubilación en el SEATCAA, ¿es compatible con otras prestaciones del RGSS?

Salvo la existencia de periodos de pluriactividad (art. 49 de la LGSS), la pensión de jubilación en el SEATCAA será incompatible con otras del RGSS (art. 163 de la LGSS).

4. ¿En qué situaciones sería posible lucrar pensión de jubilación y seguir prestando servicios en el SEATCAA?

Con carácter general, la jubilación en el SEATCAA será incompatible con el trabajo del pensionista (art. 213 de la LGSS), con las siguientes salvedades:

– Jubilación parcial (art. 215 de la LGSS).

– Jubilación flexible (art. 213.1 de la LGSS).

– Trabajo por cuenta propia cuyos ingresos anuales totales no superen el salario mínimo interprofesional en cómputo anual (art. 213.4 de la LGSS). Quienes realicen estas actividades económicas no estarán obligados a cotizar por las prestaciones de la Seguridad Social.

– La realización de cualquier trabajo por cuenta ajena (o por cuenta propia) del pensionista en los términos definidos normativamente para el «envejecimiento activo» (art. 214 de la LGSS).

– Las labores agrarias que tengan carácter esporádico y ocasional (vigente D.A. 7.ª de la Ley 28/2011, de 22 de septiembre).

JURISPRUDENCIA

STS n.º 219/2024, 31 de enero de 2024, ECLI:ES:TS:2024:663

El TS analiza el cómputo de la BR de la pensión de jubilación de los trabajadores agrarios por cuenta ajena durante los periodos anteriores al 1 de enero de 2009: si las del trabajador más las de los empresarios (como establece la sentencia recurrida); o solo las del trabajador, sin computar las de la empresa (conforme al art. 52 del Decreto 3772/1972, de 23 de diciembre).

Tras repasar la evolución en las cotizaciones siguiendo las normas anteriores a la integración del REA —trabajadores por cuenta ajena—, en el Régimen General, mediante la articulación de un sistema especial, el TS entiende que **el cambio de modelo de cotización no conllevó la desaparición de las cotizaciones precedentes —también por contingencias comunes— efectuadas bajo una estructura diversa.**

La cotización anterior a la integración debe tomarse en consideración a los efectos de completar el cálculo de la BR de la jubilación.

«Así lo ha concluido la Sala de suplicación computando el sumatorio de ambas aportaciones efectivamente realizadas -las del trabajador y las del empresario- para el

> *cálculo de la BR de la pensión de jubilación, y adicionando que no estamos ante una doble valoración de la base de cotización sino un incremento específico de las bases en los periodos de actividad agraria por cuenta ajena en función de la contribución llevada a cabo también por la parte empresarial.*
>
> *La resolución que adopta se ajusta, en fin, a las previsiones del art. 161 LGSS (sobre Cuantía de las prestaciones): "1. La cuantía de las prestaciones económicas no determinada en la presente ley será fijada en sus normas de desarrollo.*
>
> *2. La cuantía de las pensiones y de las demás prestaciones cuyo importe se calcule sobre una base reguladora se determinará en función de la totalidad de las bases por las que se haya cotizado durante los períodos que se señalen para cada una de ellas...", determinando con ello su necesaria confirmación».*

4. Incapacidad permanente

Serán las mismas condiciones que en el RGSS, por lo que resulta necesario transcribir el art. 195.1 de la LGSS:

> «Tendrán derecho a las prestaciones por incapacidad permanente las personas incluidas en el Régimen General que sean declaradas en tal situación y que, además de reunir la condición general exigida en el artículo 165.1 de la LGSS, hubieran cubierto el período mínimo de cotización que se determina en los apartados 2 y 3 de este artículo (art. 195 de la LGSS), salvo que aquella sea debida a accidente, sea o no laboral, o a enfermedad profesional, en cuyo caso no será exigido ningún período previo de cotización.
>
> No se reconocerá el derecho a las prestaciones de incapacidad permanente derivada de contingencias comunes cuando el beneficiario, en la fecha del hecho causante, tenga la edad prevista en el artículo 205.1.a) de la LGSS y reúna los requisitos para acceder a la pensión de jubilación en el sistema de la Seguridad Social».

No obstante, continúa el 195.4 de la LGSS, *«las pensiones de incapacidad permanente en los grados de incapacidad permanente absoluta o gran invalidez derivadas de contingencias comunes podrán causarse, aunque los interesados no se encuentren en el momento del hecho causante en alta o situación asimilada a la de alta».*

Para lucrar IP también:

- Será necesario encontrarse al corriente en el pago de las cotizaciones correspondientes a los períodos de inactividad de cuyo ingreso son responsables (art. 256.2 y 3 de la LGSS).

- No existe integración de lagunas en caso de IP derivada de contingencias comunes (art. 256.7 de la LGSS). (STSJ de Castilla y León, rec. 33/2018, de 26 de febrero de 2018, ECLI:ES:TSJCL:2018:715).

5. Prestaciones por muerte y supervivencia

Se aplican los arts. 216 y ss. de la LGSS sin diferencias respecto al RGSS, salvo la necesidad de encontrarse al corriente en el pago de cuotas fijada en el art. 256.2 de la LGSS.

Durante los períodos de inactividad la acción protectora del sistema especial comprende las prestaciones por muerte y supervivencia derivadas de contingencias comunes (art. 256.3 de la LGSS).

6. Corresponsabilidad en el cuidado del lactante y días completos de cotización por parto

Las personas trabajadoras agrarias son beneficiarios de la prestación económica por ejercicio corresponsable del cuidado del lactante (arts. 183-185 de la LGSS) siguiendo lo previsto en el párrafo cuarto del artículo 37.4 del ET.

Del mismo modo, a efectos de las pensiones contributivas de jubilación y de incapacidad permanente **de cualquier régimen de la Seguridad Social**, se computarán, a favor de la trabajadora solicitante de la pensión, un total de 112 días completos de cotización por cada parto de un solo hijo y de 14 días más por cada hijo a partir del segundo, este incluido, si el parto fuera múltiple, salvo si, por ser trabajadora o funcionaria en el momento del parto, se hubiera cotizado durante la totalidad de las dieciséis semanas o, si el parto fuese múltiple, durante el tiempo que corresponda (art. 235 de la LGSS).

7. Complemento de pensiones contributivas para la reducción de la brecha de género

Los trabajadores agrarios son beneficiarios del nuevo complemento de pensiones contributivas para la reducción de la brecha de género.

8. Cuidado de menores afectados por cáncer u otra enfermedad grave

Los requisitos generales para causar derecho a la prestación, en este régimen especial, son los siguientes (arts. 190-192 de la LGSS):

- Estar en alta en el régimen correspondiente.

- Estar al corriente en el pago de las cuotas, de las que sean responsables directos los trabajadores, aunque la prestación sea reconocida, como consecuencia del cómputo recíproco de cotizaciones, en un régimen de trabajadores por cuenta ajena.

A tales efectos, será de aplicación el mecanismo de invitación al pago previsto en el apdo. 2 del art. 28 del Decreto 2530/1970, de 20 de agosto, cualquiera que sea el régimen de Seguridad Social en que el interesado estuviese incorporado, en el momento de acceder a la prestación o en el que se cause esta.

9. Riesgo durante el embarazo y riesgo durante la lactancia natural

Las trabajadoras agrarias serán beneficiarias de la prestación de riesgo durante el embarazo y riesgo durante la lactancia natural asociadas a la suspensión del contrato de trabajo por estos riesgos [arts. 45.1.e) y 48.7 del ET; art. 26 de la LPRL y arts. 186-189 de la LGSS].

10. Prestación por nacimiento o cuidado de menor

Los trabajadores agrarios tienen acceso a esta prestación en igualdad de condiciones que los trabajadores por cuenta ajena ordinarios. De acuerdo con lo previsto en los apartados 4, 5 y 6 del artículo 48 del Estatuto de los Trabajadores serán beneficiarios del subsidio por nacimiento y cuidado de menor las personas incluidas en el SETCAA siempre que, además de reunir la condición general exigida en el art. 165.1 de la LGSS y las demás que reglamentariamente se establezcan, acrediten los períodos mínimos de cotización establecidos por el art. 178 de la LGSS.

2.2. Trabajadores agrarios por cuenta propia o autónomos (SETA)

Quedarán comprendidos en este sistema especial los trabajadores por cuenta propia agrarios que reúnan los requisitos establecidos en los arts. 323-326 de la LGSS.

Como hemos analizado, los trabajadores incluidos en el Sistema Especial para Trabajadores por Cuenta Propia Agrarios se encuentran expresamente comprendidos en el Régimen Especial de la Seguridad Social de los Trabajadores por Cuenta Propia o Autónomos (art. 305 de la LGSS), siempre que, siendo mayores de 18 años, reúnan los requisitos establecidos en el art. 324 de la LGSS. Corolario de esto, serán aplicables a los trabajadores pertenecientes al SETA las **obligaciones generales de afiliación, altas, bajas y variaciones de datos de los trabajadores autónomos (RETA), pero con una serie de peculiaridades** establecidas específicamente para el sector por el Reglamento General sobre inscripción de empresas y afiliación, altas, bajas y variaciones de datos de trabajadores en la Seguridad Social (RD 84/1996, de 26 de enero) en adaptación al nuevo sistema de cotización por ingresos reales de los trabajadores autónomos.

A TENER EN CUENTA. Las solicitudes de alta, baja y variaciones de datos de los trabajadores deberán formularse en los plazos establecidos por el art. 32.3 del Real Decreto 84/1996, de 26 de enero. La incorporación al SETA determinará la aplicación de las normas de cotización al Régimen Especial de los Trabajadores por Cuenta Propia o Autónomos en función de los rendimientos anuales obtenidos en el ejercicio de sus actividades económicas, empresariales o profesionales (arts. 308 y siguientes de la LGSS), con las especialidades que se desarrollarán.

Tras las modificaciones normativas —**con efectos de 01/01/2023**— realizadas sobre el Real Decreto 84/1996, de 26 de enero (por el Real Decreto 504/2022, de 27 de junio), se suprime el art. 47 bis del Real Decreto 84/1996, de 26 de enero, pasando a regularse esta materia en el nuevo art. 48 y se instauran nuevas obligaciones con carácter general que afectan a la afiliación, altas, bajas y variaciones de datos en el SETA (art. 46 del Real Decreto 84/1996, de 26 de enero).

2.2.1. Alta, baja y variación de datos

1. Alta en el SETA

La acreditación de los requisitos exigidos para la inclusión en este sistema especial se efectuará mediante una declaración responsable.

La inclusión en el SETA como consecuencia de la afiliación y el alta, inicial o sucesiva, en el Régimen Especial de los Trabajadores por Cuenta Propia o Autónomos se ajustará a lo dispuesto en el art. 46.2 del Real Decreto 84/1996, de 26 de enero:

* La afiliación y **hasta tres altas dentro de cada año natural** tendrán efectos desde el día en que concurran en la persona de que se trate los requisitos y condiciones determinantes de su inclusión en el campo de aplicación de este régimen especial.

* El **resto de las altas que, en su caso, se produzcan dentro de cada año natural** tendrán efectos desde el día primero del mes natural en que se reúnan los requisitos para la inclusión en este régimen especial.

* Las **altas solicitadas fuera del plazo** reglamentario tendrán, asimismo, efectos desde el día primero del mes natural en que se reúnan los requisitos para la inclusión en este régimen especial.

* La **afiliación y el alta de oficio por parte de la TGSS** (arts. 26 y 29.1.3.° del RD 84/1996, de 26 de enero) surtirán efectos desde el día primero del mes natural en que resulte acreditada la concurrencia de los requisitos para la inclusión en el RETA.

En caso de **pluriactividad**, si una de las actividades determinase la inclusión en el Sistema Especial para Trabajadores por Cuenta Propia Agrarios, el alta se practicará por dicha actividad (art. 41.1 del RD 84/1996, de 26 de enero). En este caso, el autónomo quedaría obligado a proteger las prestaciones por incapacidad temporal y por cese de actividad y la totalidad de las contingencias de accidentes de trabajo y enfermedades profesionales (art. 48.6 del Real Decreto 84/1996, de 26 de enero).

CUESTIONES

1. ¿Cómo ha de solicitarse el alta en el SETA desde el 01/01/2023?

Se seguirán los términos establecidos en los artículos 27.2 y 32.3.1.° del RD 84/1996, de 26 de enero.

2. ¿Cómo se acreditarán los requisitos exigidos para la inclusión en el SETA?

Los interesados, en el momento de solicitar su incorporación al Sistema Especial para Trabajadores por Cuenta Propia Agrarios, deberán presentar declaración justificativa de la acreditación de los requisitos establecidos (art. 324.1 y 2 de la LGSS). La validez de dicha inclusión estará condicionada a la posterior comprobación por parte de la Tesorería General de la Seguridad Social de la concurrencia efectiva de los mencionados requisitos. La acreditación y posterior comprobación se efectuará en la forma y plazos que reglamentariamente se determinen.

---

2. Baja en el SETA

A falta de especificación concreta, las solicitudes de baja en el SETA se rigen por lo establecido con carácter general en el art. 46.4 del Real Decreto 84/1996, de 26 de enero:

- **Hasta tres bajas dentro** de cada año natural tendrán efectos desde el día en que el trabajador autónomo hubiese cesado en la actividad determinante de su inclusión en el campo de aplicación de este régimen especial, siempre que se hayan solicitado en los términos legalmente establecidos (art. 32 del Real Decreto 84/1996, de 26 de enero).

- **El resto de las bajas** que, en su caso, se produzcan dentro de cada año natural surtirán efectos al vencimiento del último día del mes natural en que el trabajador autónomo hubiese cesado en la actividad determinante de su inclusión en el campo de aplicación de este régimen especial, siempre que se hayan solicitado en los términos legalmente establecidos (art. 32 del Real Decreto 84/1996, de 26 de enero).

Los trabajadores —y la TGSS de oficio— podrán instar su **exclusión** de este sistema especial por el incumplimiento sobrevenido de los requisitos exigidos para quedar comprendidos en él, los efectos de la exclusión se producirán desde el día primero del mes siguiente a aquel en el que se hubieran dejado de cumplir. En este caso, la solicitud de exclusión se presentará dentro del mes siguiente a aquel en que se hubieran dejado de reunir los requisitos, debiendo ingresarse las cuotas devengadas y no ingresadas en el Régimen Especial de los Trabajadores por Cuenta Propia o Autónomos en el plazo fijado a tal efecto por el artículo 56.1.c).5.º del Reglamento General de Recaudación de la Seguridad Social.

3. Situaciones asimiladas a la de alta en el SETA

Los incluidos en el SETA, con carácter no exhaustivo, se encontrarán en situación asimilada al alta cuando (arts. 69-73 de la Orden de 24 de septiembre de 1970):

- Causen baja en este régimen especial por haber cesado en la actividad que dio lugar a su inclusión en el mismo quedarán en situación asimilada a la de alta durante los noventa días naturales siguientes al último día del mes de su baja, a efectos de poder causar derecho a las prestaciones y obtener otros beneficios de la acción protectora.

- Se den periodos de inactividad entre trabajos de temporada, sin poder exceder de una duración superior a la de doce meses, sin perjuicio de que el interesado pueda acogerse al convenio especial del artículo anterior, si reuniera las condiciones por este exigidas, al término de dicha situación por tal causa.

- Se produce una suspensión de actividades por enfermedad o accidente.

- Se realiza la suscripción de un convenio especial con la Seguridad Social en los términos establecidos por la Orden TAS/2865/2003, de 13 de octubre.

2.2.2. Cotización trabajadores agrarios por cuenta propia

Los trabajadores autónomos incluidos en el campo de aplicación del SETA serán los sujetos obligados a cotizar. Esta obligación nacerá de la misma forma que para los autónomos en general, lo que supone la **obligación de cotizar en función de los rendimientos que obtengan en el año natural calculados de acuerdo con el apdo.1 del art. 308 de la LGSS**, pero con **ciertas especialidades** (art. 325 de la LGSS).

Teniendo en cuenta que los trabajadores incluidos en este sistema especial podrán acogerse voluntariamente a la cobertura de la prestación económica por incapacidad temporal y de la prestación por cese de actividad (D.A. 3.ª de la LETA y art. 326 de la LGSS), la norma diferencia distintas situaciones, en función de las coberturas obligaciones o voluntarias, que analizamos de forma independiente.

COBERTURAS TRABAJADORES AGRARIOS POR CUENTA PROPIA (SETA)

Contingencias comunes

Circunstancias en las que las personas autónomas no pueden trabajar por situaciones no relacionadas, de forma directa, con su actividad laboral.

- Protección sanitaria.
- Bajas laborales por incapacidad temporal (enfermedad común o accidente no laboral).
- Incapacidad permanente (IPT; IPA; gran invalidez).
- Jubilación.
- Nacimiento y cuidado del menor, riesgo durante el embarazo y lactancia natural.
- Muerte y supervivencia (viudedad, orfandad, auxilio por defunción y a favor de familiares).

Contingencias profesionales

Todas aquellas contingencias derivadas de forma directa del desarrollo de su actividad:

- Accidente de trabajo.
- Enfermedad profesional. Supone el pago de dos primas:
    a) Situación de incapacidad temporal.
    b) Para la invalidez, muerte y supervivencia (prestaciones de viudedad, orfandad, auxilio por defunción, pensión y subsidio en favor de familiares).
- Cese de actividad (riesgo que conlleva la finalización de la actividad económica desarrollada por el trabajador autónomo).

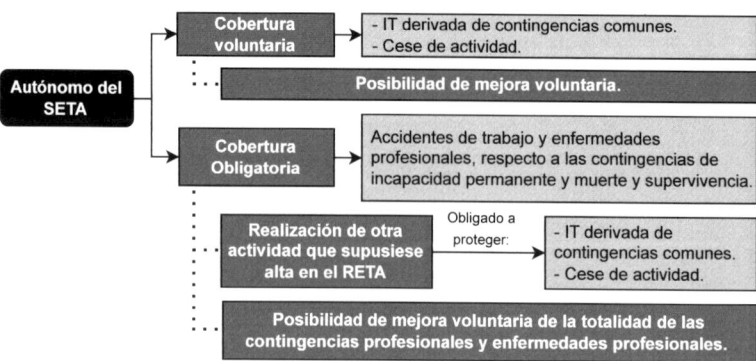

Las bases de cotización a este sistema especial serán las establecidas con carácter general para el Régimen Especial de la Seguridad Social de los Trabajadores por Cuenta Propia o Autónomos en el artículo precedente (art. 19 de la Orden PJC/178/2025, de 25 de febrero):

a) **Respecto de las contingencias de cobertura obligatoria**, la base de cotización se desvincula, en cierto modo, de los beneficios obtenidos y se permite cotizar entre dos cuantías

- Cuando la persona trabajadora haya optado por una base de cotización de hasta 1.141,18 euros mensuales, el tipo de cotización aplicable será el 18,75 por ciento..

- Si la persona trabajadora cotizara por una base de cotización superior a 1.141,18 euros mensuales, a la cuantía que exceda de esta última le será de aplicación el tipo de cotización del 26,50 por ciento.

Estos tipos de cotización también resultarán de aplicación a las bases de cotización definitivas que resulten del procedimiento de regularización [art. 308.1.c) de la LGSS].

> **A TENER EN CUENTA.** La elección de la base deberá realizarse de forma simultánea a la solicitud de alta en este régimen especial, dentro del plazo establecido para formular esta, y surtirá efectos desde el momento en que nazca la obligación de cotizar, de conformidad con el artículo 45.2 del Real Decreto 2064/1995, de 22 de diciembre.

b) **Respecto a la mejora voluntaria de la incapacidad temporal por contingencias comunes**, el tipo de cotización a aplicar a la cuantía completa de la base de cotización del interesado será el 3,30 por ciento, o el 2,80 por ciento si el interesado está acogido a la protección por contingencias profesionales o por cese de actividad.

c) **Para las contingencias de accidentes de trabajo y enfermedades profesionales** se aplicarán los tipos de la tarifa de primas establecida en la D.A. 4.ª de la Ley 42/2006, de 28 de diciembre.

- En el supuesto de que los interesados no hubiesen optado por la cobertura de la totalidad de las contingencias profesionales, se seguirá abonando, en concepto de cobertura de las contingencias de incapacidad permanente y muerte y supervivencia, una cuota resultante de aplicar a la base de cotización elegida el tipo del 1 por ciento.

d) **Las personas trabajadoras por cuenta propia o autónomas acogidas a la protección por contingencias profesionales o por cese de actividad** tendrán una reducción de 0,5 puntos porcentuales en la cotización por la cobertura de incapacidad temporal derivada de contingencias comunes.

- Los trabajadores incluidos en este sistema especial que no hayan optado por dar cobertura, en el ámbito de protección dispensada, a la totalidad de las contingencias de accidentes de trabajo y enfermedades profesionales, efectuarán una cotización adicional equivalente al 0,10 por ciento, aplicado sobre la base de cotización elegida, para la financiación de las prestaciones previstas en los Capítulos VIII y IX del título II del texto refundido de la Ley General de la Seguridad Social.

e) **Mecanismo de equidad intergeneracional (MEI),** se aplicará el tipo del 0,80 por ciento sobre la base de cotización por contingencias comunes a cargo del trabajador por cuenta propia.

> **CUESTIÓN**
>
> **¿Qué especialidades presenta la cotización al SETA?**
>
> Se aplican las reglas generales pero con ciertas especificaciones sobre el período de liquidación y el contenido de la obligación de cotizar (art. 47 del Real Decreto 2064/1995, de 22 de diciembre):
>
> – Contingencias de cobertura obligatoria: según la cuantía de la base de cotización elegida se aplicarán distintos tipos de cotización.
>
> – Contingencias de cobertura voluntaria: 1. Incapacidad temporal y cese de actividad. 2. Contingencias profesionales. En función de la opción aplicada la cuota se determinará aplicando distintos tipos.

f) Beneficios en la cotización

Con anterioridad a las modificaciones realizadas con efectos de 01/01/2023 sobre las bonificaciones y reducciones en las cotizaciones para los trabajadores autónomos, los derogados arts. 31 bis, y 32 bis de la Ley 20/2007, de 11 de julio, del Estatuto del trabajo autónomo, regulaban los beneficios en la cotización a la Seguridad Social aplicables a los trabajadores por cuenta propia agrarios con carácter general [art. 31 bis de la LETA, vigente hasta el 31/12/2022] y para las personas con discapacidad, inicial o sobrevenida, víctimas de violencia de género y víctimas del terrorismo que se establezcan como trabajadores por cuenta propia incluidos en el Sistema Especial para Trabajadores por Cuenta Propia Agrarios [art. 32 bis de la LETA, vigente hasta el 31/12/2022]. Actualmente, **las personas trabajadoras agrarias por cuenta propia pueden beneficiarse de las bonificaciones previstas para autónomos registrados en el RETA.**

> **CUESTIÓN**
>
> **¿Los autónomos agrarios pueden solicitar la tarifa plana de 80 euros para nuevos autónomos?**
>
> Sí. La reducción se ajustará a lo siguiente:

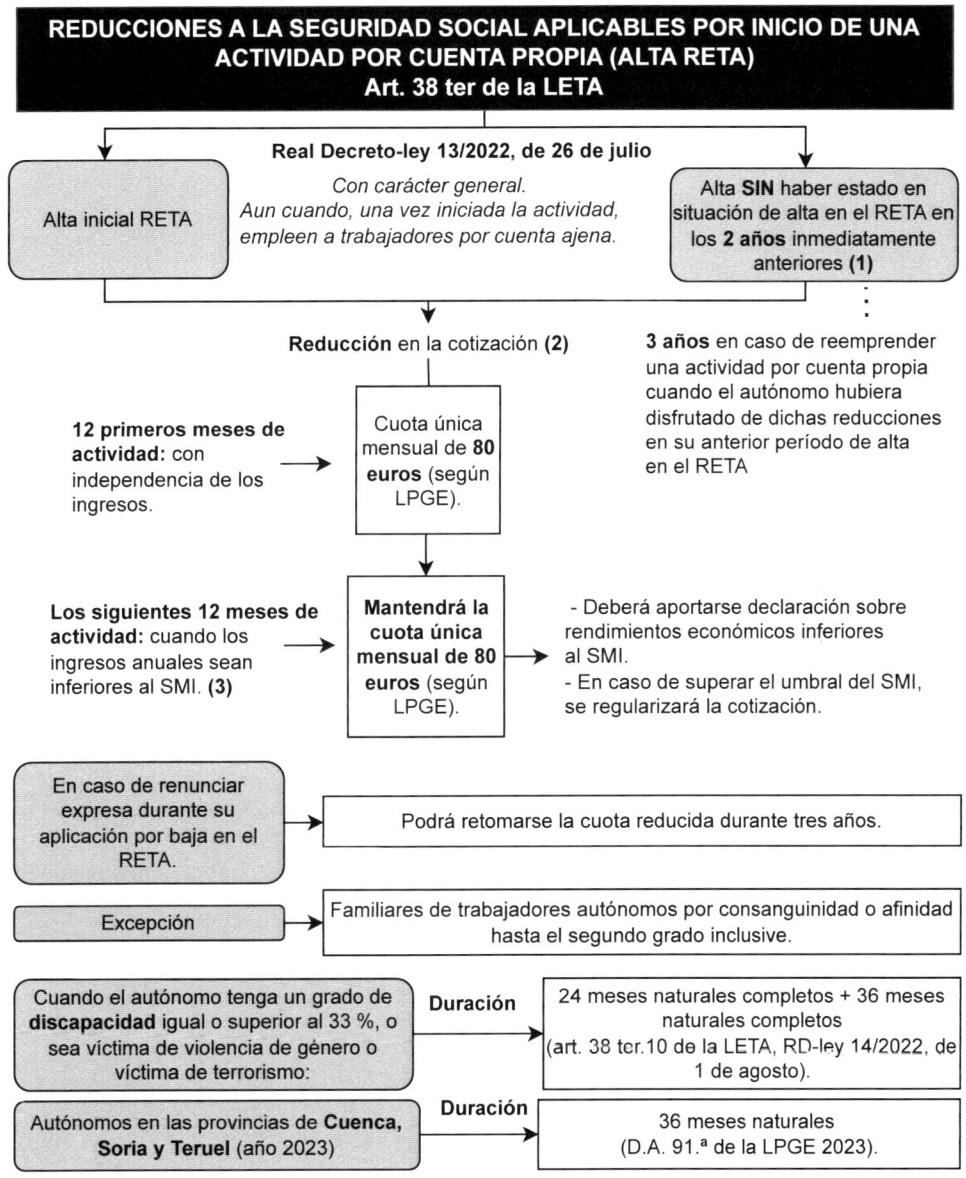

REDUCCIONES A LA SEGURIDAD SOCIAL APLICABLES POR INICIO DE UNA ACTIVIDAD POR CUENTA PROPIA (ALTA RETA) Art. 38 ter de la LETA

Real Decreto-ley 13/2022, de 26 de julio

Con carácter general.
Aun cuando, una vez iniciada la actividad, empleen a trabajadores por cuenta ajena.

Alta inicial RETA

Alta **SIN** haber estado en situación de alta en el RETA en los **2 años** inmediatamente anteriores **(1)**

Reducción en la cotización **(2)**

3 años en caso de reemprender una actividad por cuenta propia cuando el autónomo hubiera disfrutado de dichas reducciones en su anterior período de alta en el RETA

12 primeros meses de actividad: con independencia de los ingresos.

Cuota única mensual de **80 euros** (según LPGE).

Los siguientes 12 meses de actividad: cuando los ingresos anuales sean inferiores al SMI. **(3)**

Mantendrá la cuota única mensual de 80 euros (según LPGE).

- Deberá aportarse declaración sobre rendimientos económicos inferiores al SMI.
- En caso de superar el umbral del SMI, se regularizará la cotización.

En caso de renunciar expresa durante su aplicación por baja en el RETA.

Podrá retomarse la cuota reducida durante tres años.

Excepción

Familiares de trabajadores autónomos por consanguinidad o afinidad hasta el segundo grado inclusive.

Cuando el autónomo tenga un grado de **discapacidad** igual o superior al 33 %, o sea víctima de violencia de género o víctima de terrorismo:

Duración

24 meses naturales completos + 36 meses naturales completos (art. 38 ter.10 de la LETA, RD-ley 14/2022, de 1 de agosto).

Autónomos en las provincias de **Cuenca, Soria y Teruel** (año 2023)

Duración

36 meses naturales (D.A. 91.ª de la LPGE 2023).

(1) A contar desde la fecha de efectos del alta en el RETA. También de aplicación, cuando cumplan los requisitos los trabajadores por cuenta propia que queden incluidos en el grupo primero de cotización del RETM, así como a los socios de sociedades de capital y a sociedades laborales y a los socios trabajadores de cooperativas de trabajo asociado que queden encuadrados en el RETA o en el Régimen Especial de la Seguridad Social de los Trabajadores del Mar, dentro del grupo primero de cotización.

(2) Comprenderá tanto las contingencias comunes como las contingencias profesionales, quedando estos trabajadores exceptuados de cotizar por cese de actividad y por formación profesional.

(3) Cuando este segundo periodo abarque parte de dos años naturales, el requisito relativo a los rendimientos económicos se deberá cumplir en cada uno de ellos.

2.2.3. Prestaciones de la seguridad social para los trabajadores agrarios por cuenta propia

Con carácter general, los adscritos al SETA tendrán las mismas coberturas que en el Régimen Especial de Trabajadores por Cuenta Propia o Autónomos, no obstante, la incorporación al Sistema Especial para Trabajadores por Cuenta Propia Agrarios determina la aplicación de una serie de **reglas especiales en materia de cotización** a la Seguridad Social que, a su vez, influyen sobre las prestaciones a las que tendrá acceso las personas trabajadoras pertenecientes a este sistema especial (arts. 326 de la LGSS y D.A. 3.ª de la LGSS):

- Los autónomos que cotizaban al extinguido REA: pueden elegir voluntariamente cotizar, o no, a ciertas prestaciones. En estos casos, se lucrará la pensión en caso de cotizar, pero deberán cubrir obligatoriamente la invalidez permanente, muerte y supervivencia, prestaciones por riesgo durante el embarazo y riesgo durante la lactancia natural.

- Las nuevas altas en el SETA: cotizan —como el resto de los autónomos— obligatoriamente por las contingencias profesionales (accidente de trabajo y enfermedades profesionales).

Del mismo modo, en el SETA, para el reconocimiento de las correspondientes prestaciones económicas de la Seguridad Social, **será necesario que el causante se encuentre al corriente en el pago de las cotizaciones de la Seguridad Social**. A estos efectos, será de aplicación el mecanismo de invitación al pago previsto en el artículo 28.2 del Decreto 2530/1970, de 20 de agosto, por el que se regula el Régimen Especial de la Seguridad Social de los Trabajadores por Cuenta Propia o Autónomos (art. 47 de la LGSS).

Con efectos de 01/01/2023, las modificaciones realizadas sobre el art. 48 del Real Decreto 84/1996, de 26 de enero, supondrán **nuevas reglas para la cobertura de determinadas contingencias en el SETA** (algunas ya tratadas en el apartado de **cotización pero que por su relación volvemos a exponer**). El SETA mantiene la posibilidad de cobertura voluntaria de la prestación económica por incapacidad temporal y de la prestación por cese de actividad, pero se fijan una serie de parámetros para la cobertura o renuncia a estas prestaciones:

a) **Podrán acogerse voluntariamente a la cobertura de la prestación económica por incapacidad temporal y de la prestación por cese de actividad:**

- Con carácter general:
  - » La opción a favor de dichas coberturas se realizará en la forma y plazos y con los efectos establecidos en el artículo 47.3 del Real Decreto 84/1996, de 26 de enero.
  - » Deberá formalizarse con una mutua colaboradora con la Seguridad Social, conforme a lo previsto en el artículo 83 de la LGSS.

- Peculiaridades:
  - » Trabajadores de alta en el RETA teniendo cubiertas obligatoriamente las prestaciones por Incapacidad temporal y por cese de actividad: podrán renunciar a su cobertura en la respectiva solicitud, con efectos desde el día primero del mes siguiente al de su presentación.

» En caso de exclusión del SETA por no cumplir los requisitos permaneciendo en alta en el RETA por la misma o distinta actividad: la cobertura de dichas prestaciones será obligatoria desde la fecha de efectos de la exclusión en el sistema, salvo, en el caso de la prestación por incapacidad temporal, que se tuviera derecho a ella en virtud de la actividad realizada en otro régimen de la Seguridad Social, en cuyo caso se estará a lo dispuesto en el art. 47.3 del Real Decreto 84/1996, de 26 de enero.

b) **La cobertura de la totalidad de las contingencias de accidentes de trabajo y enfermedades profesionales resultará obligatoria respecto a las contingencias de incapacidad permanente y muerte y supervivencia:**

- En caso de proteger voluntariamente la totalidad de las contingencias profesionales:

  » La opción por la cobertura de la totalidad de las contingencias de accidentes de trabajo y enfermedades profesionales solo se podrá ejercitar si también se opta por proteger la prestación económica de incapacidad temporal por contingencias comunes, debiendo formalizarse ambas coberturas con la misma mutua colaboradora con la Seguridad Social.

  » De no haberse ejercido simultáneamente ambas opciones, la protección de las contingencias profesionales se podrá solicitar antes del 1 de octubre de cada año, con efectos desde el día 1 de enero del año siguiente.

  » La renuncia a la cobertura de la prestación por incapacidad temporal supondrá en todo caso la renuncia a la de las contingencias profesionales, sin que la renuncia a esta implique la renuncia a la protección de incapacidad temporal por contingencias comunes, salvo que así se solicite expresamente.

c) **Realización de otra actividad por el trabajador agrario que diera lugar a su inclusión en el RETA:** el alta única en dicho régimen se practicará por la actividad agraria, quedando obligado a proteger las prestaciones por incapacidad temporal y por cese de actividad y la totalidad de las contingencias de accidentes de trabajo y enfermedades profesionales en el SETA.

CUESTIONES

1. ¿Qué prestaciones tiene la obligación de cubrir los trabajadores del Sistema Especial para Trabajadores por Cuenta Propia Agrarios?

La cobertura de los accidentes de trabajo y las enfermedades profesionales en este sistema especial resultará obligatoria respecto a las contingencias de invalidez y muerte y supervivencia, sin perjuicio de la posibilidad de proteger voluntariamente la totalidad de las contingencias. Los trabajadores comprendidos en este sistema especial que hayan optado por incluir la prestación económica por incapacidad temporal dentro del ámbito de su acción protectora podrán optar también por incorporar en ella la cobertura de la totalidad de las contingencias de accidentes de trabajo y enfermedades profesionales. Resulta de aplicación lo establecido (con efectos del 01/01/2023) en el art. 48.5 del Real Decreto 84/1996, de 26 de enero.

2. Si el trabajador comprendido en este Sistema Especial realizase otra actividad que diera lugar a su inclusión en el RETA, ¿debe cubrir la IT?

Si el trabajador comprendido en este sistema especial realizase otra actividad que diera lugar a su inclusión en el Régimen Especial de los Trabajadores por Cuenta Propia o Autónomos, el alta única en dicho régimen se practicará por la actividad agraria, quedando obligado a proteger las prestaciones por incapacidad temporal y por cese de actividad y la totalidad de las contingencias de accidentes de trabajo y enfermedades profesionales en ese sistema. Resulta de aplicación lo establecido (con efectos del 01/01/2023) en el art. 48.6 del Real Decreto 84/1996, de 26 de enero.

3. La opción para la cobertura de IT, ¿cómo se formaliza?

Con una mutua en los términos señalados en el art. 47.1 del Real Decreto 84/1996, de 26 de enero. De no ejercitarse esta opción podrán acogerse a dicha protección mediante solicitud por escrito que deberá formularse antes del 1 de octubre de cada año, con efectos desde el día 1 de enero del año siguiente.

1. Incapacidad temporal

‖ a) Prestación por IT derivada de contingencias comunes

La cotización por la cobertura de la prestación por IT derivada de **contingencias comunes** tiene carácter obligatorio en el RETA desde 2008. No obstante, las personas trabajadoras incluidos en el Sistema Especial de Trabajadores Agrarios por Cuenta Propia (SETA), mantienen la posibilidad de cotizar voluntariamente. La prestación se formalizará a través de una mutua.

De cubrir esta contingencia se tendrá derecho a la prestación en caso de estar en situación de alta (o asimilada al alta), encontrarse al corriente del pago de las cuotas y haber cotizado un mínimo de 180 días en los últimos 5 años.

La mutua cubrirá:

Tres primeros días de baja	No hay derecho a prestación
Del 4.º al 20.º día de baja	60 % de la base de cotización
A partir del 21.º día de baja	75 % de la base de cotización

A TENER CUENTA. Como hemos reiterado a lo largo de la obra, la protección de esta contingencia es voluntaria para los trabajadores agrarios por cuenta propia integrados en el SETA (art. 326 de la LGSS y D.A. 3.ª de la LETA).

‖ b) Prestación por IT derivada de contingencias profesionales

La cobertura de las contingencias profesionales (obligatoria para los autónomos ordinarios), nuevamente será opcional en el Sistema Especial para Trabajadores por Cuenta Propia Agrarios (art. 326 de la LGSS).

Se entenderá como accidente de trabajo del trabajador autónomo el ocurrido como consecuencia directa e inmediata del trabajo que realiza por su propia cuenta y que determina su inclusión en el campo de aplicación de este régimen especial. Se entenderá, a idénticos efectos, por enfermedad profesional la contraída a consecuencia del trabajo ejecutado por cuenta propia, que esté provocada por la acción de los elementos y sustancias y en las actividades que se especifican en la lista de enfermedades profesionales con las relaciones de las principales actividades capaces de producirlas, anexa al Real Decreto 1299/2006, de 10 de noviembre, por el que se aprueba el cuadro de enfermedades profesionales en el sistema de la Seguridad Social y se establecen criterios para su notificación y registro.

También se entenderá como accidente de trabajo el sufrido al ir o al volver del lugar de la prestación de la actividad económica o profesional. A estos efectos se entenderá como lugar de la prestación el establecimiento en donde el trabajador autónomo ejerza habitualmente su actividad siempre que no coincida con su domicilio y se corresponda con el local, nave u oficina declarado como afecto a la actividad económica a efectos fiscales.

De cubrir esta contingencia, se tendrá derecho a la prestación en caso de estar en situación de alta (o asimilada al alta) y encontrarse al corriente del pago de las cuotas.

La mutua cubrirá el 75 % de la base de cotización (siempre, reiteramos, que se hubiese optado por la cobertura de las contingencias profesionales).

2. Protección por nacimiento y cuidado de menor

En materia de protección por nacimiento y cuidado de menor, será de aplicación lo dispuesto en el capítulo VI del título II de la LGSS para la prestación con carácter general a excepción de los apartados 1.º y 2.º del art. 179 de la LGSS. En el SETA, la prestación económica por nacimiento y cuidado de menor consistirá en un subsidio equivalente al 100 por ciento de una base reguladora cuya cuantía diaria será el resultado de dividir la suma de las bases de cotización acreditadas a este régimen especial durante los seis meses inmediatamente anteriores al mes previo al del hecho causante entre ciento ochenta.

De no haber permanecido en alta en el régimen especial durante la totalidad del referido período de seis meses, la base reguladora será el resultado de dividir las bases de cotización al régimen especial acreditadas en los seis meses inmediatamente anteriores al mes previo al del hecho causante entre los días en que el trabajador haya estado en alta en dicho régimen dentro de ese período.

Los períodos durante los que el trabajador por cuenta propia tendrá derecho a percibir el subsidio por nacimiento y cuidado de menor serán coincidentes, en lo relativo tanto a su duración como a su distribución, con los períodos de descanso laboral establecidos para los trabajadores por cuenta ajena. Los trabajadores de este régimen especial podrán igualmente percibir el subsidio por nacimiento y cuidado de menor en régimen de jornada parcial, en los términos y condiciones que se establezcan reglamentariamente.

3. Corresponsabilidad en el cuidado del lactante, riesgo durante el embarazo, riesgo durante la lactancia natural y cuidado de menores afectados por cáncer u otra enfermedad grave

Igual que en el Régimen General. Según lo dispuesto, respectivamente, en los capítulos VII, VIII, IX y X del título II, en los términos y condiciones que se establezcan reglamentariamente.

4. Incapacidad permanente

Los autónomos agrarios afiliados al SETA quedan protegidos siempre que accedan voluntariamente a la acción protectora de esta cobertura, incorporando las contingencias profesionales, y, además, previa o simultáneamente, hayan optado acogerse a la mejora de la prestación por incapacidad temporal.

La calificación de la incapacidad permanente en sus distintos grados se determinará en función del porcentaje de reducción de la capacidad de trabajo que reglamentariamente se establezca. La cuantía de la prestación dependerá del grado de incapacidad reconocido y del cálculo de la base reguladora, atendiendo a parámetros de tipo de incapacidad y edad del interesado. A estos efectos serán de aplicación la siguiente regulación:

- Apdos. 2 y 3 del art. 194 de la LGSS de la LGSS, en relación a la calificación de los grados de incapacidad permanente.
- Art. 195 (excepto el apdo. 2) de la LGSS, en relación al período mínimo de cotización, exclusión en caso de cumplimiento de la edad ordinaria de jubilación, necesidad de situación de alta o asimilada a la de alta, etc.
- Apdos. 1, 2 y 3 del art. 197 de la LGSS, respecto a la base reguladora de las pensiones de incapacidad permanente derivada de enfermedad común.
- Art. 200 de la LGSS, en relación a la calificación y revisión.

En el SETA no se protege:

- La incapacidad permanente parcial derivada de contingencias comunes (al igual que en el RETA solo se protege cuando derive de contingencias profesionales). (STS n.° 861/2016, de 18 de octubre de 2016, ECLI:ES:TS:2016:4794).
- Lesiones permanentes no incapacitantes por contingencias comunes.

JURISPRUDENCIA

STS, rec. 1848/2014, de 4 de mayo de 2.016, ECLI:ES:TS:2016:2226 y STSJ de Asturias, rec. 1989/2024, de 19 de noviembre del 2024, ECLI:ES:TSJAS:2024:2892

En un caso de IPT derivada de enfermedad común, considera cuando se trata de trabajadores por cuenta propia —salvo supuestos acreditados de conductas fraudulentas— que el simple mantenimiento de la afiliación en el RETA y la consecuente cotización no puede entenderse sin más como una presunción de que se realiza esa actividad autónoma.

«(...) Cuando se trata de trabajadores por cuenta propia (...) el simple mantenimiento de la afiliación y la consecuente cotización al nuevo Sistema Especial para

Trabajadores por Cuenta Propia Agrarios (SETA), integrado en el RETA (...) no puede entenderse sin más como una presunción de que se realiza esa actividad autónoma».

«(...) habrá de ser el INSS quien acredite que, a pesar de que el dictamen del EVI a favor del reconocimiento de la IP ya presupone una imposibilidad cuasi objetiva de que aquélla se encontraba incapacitada para desempeñar su actividad habitual, realmente la seguía ejerciendo».

5. Jubilación

En las mismas condiciones que en el Régimen General, si bien no se reconoce la jubilación parcial, ni la jubilación anticipada con o sin condición mutualista y con coeficientes reductores. Sí se reconoce la jubilación anticipada por voluntad del interesado (lo dispuesto en los arts. 205; 206 y 206 bis; 208; 209, excepto la letra b) del apartado 1; 210; 213 y 214 y la D.T. 34.ª de la LGSS).

No existe la **integración de lagunas** de cotización.

La prestación por jubilación se reconoce en los mismos términos y condiciones que en el Régimen General de la Seguridad Social teniendo en cuenta:

- **Edad de jubilación del autónomo**: según la letra a) del art. 205 de la LGSS y D.T. 7.ª de la LGSS, que se aumentará de forma paulatina hasta los 67 años en 2027.

- **Período mínimo de cotización**: 15 años de los cuales, al menos, 2 deberán estar comprendidos dentro de los últimos 15 años de trabajo.

- **Cuantía**: dependerá de la cantidad que se haya cotizado en la cuota de autónomos y del número de años cotizados.

Jubilación anticipada: la normativa permite la jubilación anticipada voluntaria de las personas trabajadoras autónomas de cumplir los requisitos exigidos en el art. 208 de la LGSS.

Jubilación parcial: el sistema de jubilación parcial anticipada para trabajadores autónomos no se ha regulado por el momento.

Continuidad de la actividad tras el cumplimiento de la edad de jubilación por el trabajador autónomo: el art. 214 de la LGSS establece la compatibilidad de la realización de trabajos por cuenta propia con la percepción de la pensión de jubilación contributiva.

6. Prestaciones por muerte y supervivencia

En este punto se incluye: auxilio por defunción; viudedad; prestación temporal de viudedad; pensión de orfandad; pensión vitalicia/subsidio temporal a favor de familiares; y, indemnización por accidentes de trabajo o enfermedades profesionales. Se atenderá a lo dispuesto con carácter general en los arts. 219 (pensión de viudedad del cónyuge superviviente), 220 (pensión de viudedad en supuestos de separación, divorcio o nulidad matrimonial), 221 (pensión de viudedad de parejas de hecho), 222 (prestación temporal de viudedad), 223 (compatibilidad y extinción de las prestaciones de viudedad), 224 (pensión de orfandad y prestación de orfandad), 225 (compatibilidad de la pensión y prestación de orfandad); 226, apartados 4 y 5 (prestaciones en favor de familiares); 227, apartado 1, párrafo segundo (indemnización especial a tanto alzado en el caso de muerte por accidente de trabajo o enfermedad profesional); 229 (límite de las cuantías de las pensiones); 231 (impedimento para ser beneficiario de las prestaciones de muerte y supervivencia.); 232 (suspensión cautelar del abono de las prestaciones de muerte y supervivencia, en determinados supuestos.); 233 (incremento de las pensiones de orfandad y en favor de familiares, en determinados supuestos.); y, 234 (abono de las pensiones de orfandad, en determinados supuestos) de la LGSS.

7. Cese de actividad

Para que los trabajadores agrarios del SETA puedan acceder a la protección por cese de actividad, deben tener cubierta la totalidad de las contingencias profesionales y cumplir los requisitos establecidos con carácter general, con las precisiones y particularidades previstas en la D.A. 5.ª del Real Decreto 1541/2011, de 31 de octubre, en relación a la definición y acreditación de la situación legal de cese de actividad.

A TENER EN CUENTA. Esta prestación será analizada dentro de la protección frente a los periodos de inactividad

---

2.3. Peculiaridades de las cooperativas agrarias y sus socios

Tendrán la consideración de **cooperativas agrarias**, aquellas en las que se asocien titulares de explotaciones agrícolas, ganaderas o forestales, que tienen como objeto la realización de todo tipo de actividades y operaciones encaminadas al mejor aprovechamiento de las explotaciones de sus socios, de sus elementos o componentes, de la cooperativa y a la mejora de la población agraria y del desarrollo del mundo rural, así como atender a cualquier otro fin o servicio que sea propio de la actividad agraria, ganadera, forestal o estén ligados con ellas (art. 93 de la Ley 27/1999, de 16 de julio, de Cooperativas).

El sistema de cotización a la seguridad social de las cooperativas agrarias y de aquellas que su actividad incluye la transformación, comercialización y distribución de frutas y hortalizas, paulatinamente se van integrando al régimen general de la seguridad social. En el art. 14.1 de la LGSS, se señala que los socios trabajadores de las cooperativas de trabajo asociado disfrutarán de los beneficios de la Seguridad Social, pudiendo optar la cooperativa, bien, porque los mismos queden **asimilados a trabajadores por cuenta ajena**, en cuyo caso dichas cooperativas quedarán integradas en el Régimen general o en alguno de los **Regímenes especiales** de la Seguridad Social, según proceda, de acuerdo con su actividad, o bien, porque los referidos socios trabajadores queden como **trabajadores autónomos en el Régimen especial correspondiente**.

Las cooperativas ejercitarán la opción en sus estatutos, y solo podrán modificarla en los supuestos y condiciones establecidos reglamentariamente.

Para el desarrollo de lo establecido en el LGSS, se dictó el art. 8 del Real Decreto 84/1996, de 26 de enero, donde se recoge la **opción previa al alta de los socios trabajadores de las cooperativas de trabajo asociado y su posibilidad de modificación** en los siguientes términos:

«1. Los socios trabajadores de las cooperativas de trabajo asociado, previa opción de la cooperativa, serán dados de alta, como asimilados a trabajadores por cuenta ajena o como trabajadores autónomos de la Seguridad Social, en el Régimen General o Especial que, por razón de la actividad de aquéllas, corresponda.

La opción previa de la cooperativa de trabajo asociado deberá alcanzar a todos los socios trabajadores de la misma y ejercitarse en sus estatutos.

2. Una vez producida la opción a que se refiere el apartado anterior, únicamente podrá modificarse por el procedimiento y con los requisitos siguientes:

1.º La nueva opción deberá realizarse mediante la correspondiente modificación de los estatutos de la cooperativa.

2.º La nueva opción deberá afectar asimismo a todos los socios trabajadores de la cooperativa.

3.º Será preciso que haya transcurrido un plazo de cinco años desde la fecha en que se ejercitó la opción anterior.

3. Cuando la cooperativa de trabajo asociado haya optado por la asimilación de sus socios trabajadores a trabajadores por cuenta propia incluidos en el Régimen Especial correspondiente a la actividad de la misma, la cooperativa responderá solidariamente de la obligación de cotización de aquéllos.

4. Una vez efectuada la opción, los socios trabajadores de las cooperativas de trabajo asociado serán dados de alta en el Régimen de la Seguridad Social que corresponda a la actividad de la cooperativa, siéndoles de aplicación en su integridad las normas reguladoras del correspondiente Régimen respecto de la inscripción, en su caso, así como en orden a la afiliación, altas, bajas y variaciones de datos de los trabajadores, en iguales términos y condiciones que los aplicables al común de los colectivos que formen parte del campo de aplicación de dicho Régimen.

En todo caso, la iniciación en la prestación de trabajo personal del socio trabajador de la cooperativa será la que determine el nacimiento de las relaciones de afiliación y alta conforme a las normas del Régimen de la Seguridad Social en el que tales socios queden encuadrados».

A ese marco normativo específico han de añadirse las cooperativas que, al amparo de la D.T. 7.ª de la Ley 3/1987, de 2 de abril, General de Cooperativas, optaron por mantener la asimilación de sus socios de trabajo a trabajadores autónomos, a efectos de Seguridad Social. En este caso, conservarán ese derecho de opción (art. 14.1 de la LGSS). No obstante, si dichas cooperativas modificaran el régimen de encuadramiento de sus socios de trabajo, para su incorporación como trabajadores por cuenta ajena, en el régimen que corresponda, no podrán volver a ejercitar el derecho de opción. (D.T. 19.ª de la LGSS). (STS n.º 752/2020, de 10 de septiembre de 2020, ECLI:ES:TS:2020:2952).

En todo caso, no se aplicarán a las cooperativas de trabajo asociado, ni a las cooperativas de explotación comunitaria de la tierra ni a los socios trabajadores que las integran, las normas sobre cotización y prestaciones del Fondo de Garantía Salarial (art. 14.3 de la LGSS).

En el caso de las cooperativas agrícolas:

RESOLUCIÓN RELEVANTE

STSJ de La Rioja n.º 107/2016, de 11 de mayo de 2016, ECLI:ES:TSJLR:2016:183

«Del anterior entramado normativo se desprende que ejercitada la opción por la integración en el Régimen General, los socios trabajadores de las cooperativas, no obstante estar ligados contractualmente a la sociedad cooperativa por una relación societaria, a efectos de la relación jurídica de seguridad social, su situación es la de asimilados a trabajadores por cuenta ajena, de manera que la protección social frente a las situaciones de necesidad ha de otorgárseles en los mismos términos y condiciones que a los trabajadores por cuenta ajena a los que se equiparan expresamente, salvo las exclusiones (prestaciones de fondo de garantía salarial —disposición adicional cuarta.3 LGSS/1994 [vigente art. 14.3 de la LGSS/2015]) y especialidades (desempleo —Real Decreto 1043/1985, de 19 de junio) que ha establecido el legislador para dicho colectivo».

STSJ de Cataluña n.º 7203/2004, de 19 de octubre de 2004, ECLI:ES:TSJCAT:2004:11506

«La condición de socio trabajador de una cooperativa de trabajo asociado, no es comparable con la de trabajador de una sociedad laboral, en la medida en que la normativa de aplicación a una y otra institución es manifiestamente diferente en múltiples aspectos, configurando un régimen legal distinto que no admite comparación en cuanto a la naturaleza del vínculo existente entre la entidad y quienes prestan servicios en la misma en condición de trabajadores por cuenta ajena o de socios trabajadores de la cooperativa en el otro caso».

3.
CONTRATACIÓN DE TRABAJADORES EN EL SECTOR AGRARIO

3.1. Características básicas de la regulación laboral para actividades agrícolas, forestales y pecuarias: Laudo Arbitral de 6 de octubre de 2000

En la actualidad, prácticamente todas las provincias o comunidades autónomas tienen convenios colectivos propios que regulan las actividades agrícolas, forestales y pecuarias y definen aspectos tan importantes como las condiciones de trabajo, el salario, las categorías o grupos profesionales, la jornada laboral, vacaciones, etc. No obstante, lo regulado en el **Laudo Arbitral de 6 de octubre de 2000, dictado por don José Rodríguez de la Borbolla Camoyán, en el conflicto derivado del proceso de negociación para la sustitución de la Ordenanza de Trabajo en el Campo**, regirá cuando no exista convenio colectivo aplicable. Produciéndose la inaplicación del mismo en el sector, subsector, empresa o centro de trabajo en el que se produzca la entrada en vigor de un acuerdo o convenio colectivo que regule alguna o algunas de las materias sobre las que versa el laudo objeto de estudio. (Como ej. del carácter supletorio del Laudo analizado: STS n.º 399/2024, rec. 276/2021, de 27 de febrero del 2024, ECLI:ES:TS:2024:1234).

El citado laudo se aplica a las empresas agrícolas, forestales y pecuarias (y sus trabajadores), las industrias complementarias de las actividades agrarias y sus trabajadores (elaboración de vino, aceite o queso), así como las de primera transformación de los frutos o productos agrarios con productos de la cosecha o ganadería propia, siempre que no constituyan una explotación independiente de la producción y tengan un carácter complementario dentro de la empresa.

El laudo será aplicable, asimismo, en aquellas empresas en las que, estando reguladas por un convenio colectivo, dicho convenio no contemple todas o algunas de las materias reguladas en el mencionado laudo.

Se respetarán las condiciones más beneficiosas que se hubieran pactado individual o colectivamente, todo ello sin perjuicio de la posibilidad de absorción y compensación (art. 26.5 del ET).

CUESTIONES

1. ¿Cuál es el ámbito territorial y temporal del laudo?

El laudo se aplica en todo el territorio español y tendrá una vigencia indefinida, salvo que se desarrolle un acuerdo o convenio colectivo que regule las materias sobre las que versa el laudo.

2. ¿Qué función tiene el laudo si existe un convenio colectivo concreto?

El convenio colectivo es el encargado de regular las condiciones laborales, el laudo se aplicará de manera subsidiaria en lo no regulado por el mismo.

Los distintos convenios colectivos establecen las normas básicas y regulan las condiciones mínimas de trabajo en las explotaciones agrícolas y pecuarias. Asimismo, se regirán por lo establecido en este Convenio las empresas de servicios y las industrias complementarias de las actividades agrarias, tales como las de elaboración de vino, aceite o queso con productos de la cosecha o ganadería propia, siempre que no constituya una explotación económica independiente de la producción y tengan un carácter complementario dentro de la empresa.

Teniendo siempre presente la aplicación de lo regulado por el convenio colectivo aplicable, a efectos de limitar de forma genérica los contenidos más trascendentes de las relaciones laborales en el sector, podemos citar:

1. Clasificación profesional

Mediante la negociación colectiva o, en su defecto, acuerdo entre la empresa y los representantes de los trabajadores, se establecerá el sistema de clasificación profesional de conformidad con el Laudo Arbitral de 6 de octubre de 2000.

Los trabajadores que presten sus servicios en las empresas incluidas en el ámbito del citado Laudo serán clasificados en atención a sus aptitudes profesionales, titulaciones y contenido general de la prestación.

El personal incluido en el ámbito de aplicación del laudo se clasificará en razón de la función o funciones desempeñadas en los grupos profesionales delimitados a continuación.

Dentro de cada grupo profesional se establecen las áreas funcionales siguientes: técnica, administrativa, de producción y mantenimiento y de oficios varios.

Los grupos y áreas funcionales delimitados no suponen la obligación de la empresa de tener personal contratado en todos y cada uno de ellos.

GRUPO PROFESIONAL	CRITERIOS
Grupo profesional I	Tareas que se ejecuten según instrucciones concretas, claramente establecidas, con un alto grado de dependencia, que requieran preferentemente esfuerzo físico o atención, y que no necesitan de formación específica, salvo la ocasional de un período de adaptación.
	En este grupo profesional se podrán integrar, entre otras, las antiguas categorías de peón y guarda.
Grupo profesional II	Trabajos de ejecución autónoma que exijan habitualmente iniciativa por parte de los trabajadores que los desempeñan, comportando, bajo supervisión, la responsabilidad de los mismos y pudiendo ser ayudados por otro u otros trabajadores.
	En este grupo y en las distintas áreas funcionales se podrán integrar entre otras las antiguas categorías de oficiales y auxiliares administrativos, encargados de cuadrilla, oficiales de primera y segunda, tractoristas y conductores tractoristas.
Grupo profesional III	Funciones que suponen la integración, coordinación y supervisión de tareas homogéneas, realizadas por un conjunto de colaboradores, en un estadio organizativo menor. Tareas que, aun sin suponer corresponsabilidad de mando, tienen un contenido medio de actividad intelectual y de interrelación humana, en un marco de instrucciones precisas de complejidad técnica media con autonomía dentro del proceso establecido.
	En este grupo y dentro de las respectivas áreas funcionales se podrán integrar, entre otras, las categorías de jefes administrativos, capataces y encargados generales.
Grupo profesional IV	Funciones que suponen la integración, coordinación y supervisión de tareas diversas, realizadas por un conjunto de colaboradores. Tareas complejas pero homogéneas que, aun sin implicar responsabilidad de mando, tienen un alto contenido intelectual o de interrelación humana, en un marco de instrucciones generales de alta complejidad técnica.
	En este grupo profesional y dentro de las distintas áreas funcionales se podrán integrar, entre otras, las categorías de titulados de grado medio o equivalentes.

GRUPO PROFESIONAL	CRITERIOS
Grupo profesional V	Funciones que suponen la realización de tareas técnicas complejas y heterogéneas, con objetivos globales definidos y alto grado de exigencia en autonomía, iniciativa y responsabilidad. Funciones que suponen la integración, coordinación y supervisión de funciones, realizadas por un conjunto de colaboradores en una misma unidad funcional. Se incluyen también en este grupo profesional funciones que suponen responsabilidad completa por la gestión de una o varias áreas funcionales de la empresa, a partir de directrices generales muy amplias, directamente emanadas de la Dirección, a la que se debe dar cuenta de la gestión. Funciones que suponen la realización de tareas técnicas de más alta complejidad e incluso la participación en la definición de los objetivos concretos a alcanzar en su campo, con muy alto grado de autonomía, iniciativa y responsabilidad en dicho cargo de especialidad técnica.
	En este grupo se podrán integrar, entre otras, las categorías profesionales de titulados de grado superior o equivalentes.

La aplicación del sistema de clasificación profesional citado no afectará a las retribuciones pactadas en los convenios colectivos de ámbito territorial inferior vigentes a la entrada en vigor del mencionado laudo.

2. Movilidad funcional

La movilidad funcional en el seno de la empresa tendrá como límite lo establecido en el ET sobre sistema de clasificación profesional y movilidad funcional (arts. 22 y 39 del ET).

La movilidad funcional se producirá en el marco del grupo profesional, con el límite de la idoneidad y aptitud necesaria para el desempeño de las tareas que se encomienden al trabajador en cada puesto de trabajo, previa realización, si ello fuera necesario, de procesos simples de formación y adaptación.

La realización de funciones de superior o inferior grupo se hará conforme a lo establecido en ET.

3. Salario

Con carácter general, los trabajadores que presten servicios en las empresas incluidas en el ámbito de aplicación del laudo objeto de estudio percibirán una retribución consistente en un salario base y, en su caso, los complementos salariales regulados en el mismo, incluido el complemento salarial por antigüedad.

El salario base es la parte de la retribución del trabajador fijada por unidad de tiempo o de obra.

El salario a la parte es la retribución convenida mediante la asignación previa al trabajador de una fracción determinada del producto o del importe obtenido. Esta modalidad deberá garantizar el salario de convenio.

El salario de los eventuales deberá incluir, como mínimo, además del salario base la parte proporcional de domingos y festivos, complementos salariales, vacaciones y gratificaciones extraordinarias, sin posibilidad de pago diferido.

En materia de **complementos salariales** encontramos:

- **Complemento por antigüedad**: los trabajadores fijos percibirán, como premio a la permanencia, al término de un trienio desde la fecha de inicio de su prestación de servicios, el importe de cuatro días del salario mínimo interprofesional; tres días por año, contados desde el cumplimiento de un trienio hasta cumplir quince años de antigüedad en la empresa, y de dos días por año de salario mínimo interprofesional desde los quince hasta los veinte años de antigüedad.

- **Gratificación extraordinaria**: los trabajadores afectados por el citado laudo tendrán derecho a percibir dos gratificaciones extraordinarias al año, de treinta días de salario base más complemento salarial de antigüedad, que se harán efectivas una de ellas con ocasión de las fiestas de Navidad y la otra dentro de la primera quincena del mes de julio. No obstante, podrá acordarse su percepción prorrateada en doce mensualidades.

- **Complemento por trabajo nocturno**: es el complemento salarial que retribuye cada hora trabajada entre las diez de la noche y las seis de la mañana. Los trabajadores que hayan de prestar servicios entre las veintidós y las seis horas percibirán un suplemento del 20 por 100 sobre su salario base. Se exceptúan los trabajos de ganadería, guardería y los que, a voluntad del trabajador, se realicen en aquel período. Del mismo modo quedan exceptuados los trabajadores que hayan sido contratados expresamente para prestar sus servicios durante la noche.

  » Si la jornada se realizase, parte entre el período denominado nocturno y el diurno, el complemento únicamente se abonará sobre las horas comprendidas dentro de la jornada nocturna indicada.

- **Complemento de salario en especie**: el empresario y sus trabajadores podrán acordar el abono en especie de parte del salario que en ningún caso podrá superar el 25 por 100 de las percepciones salariales del trabajador. Este descuento no podrá efectuarse en las gratificaciones extraordinarias ni durante las vacaciones, en el caso de que durante las mismas el trabajador no desease percibir en especie parte de sus salarios.

  » Por el concepto de «manutención completa y alojamiento», es decir, cuando la alimentación y alojamiento corran a cargo del empresario solo podrá descontarse al trabajador un máximo del 25 por 100 del salario correspondiente.

El **pago del salario** en efectivo se hará en el lugar de trabajo por períodos mensuales, quinquenales, semanales o diarios, según la costumbre observada en cada empresa. También podrá efectuarse el pago del salario por medio de cheque nominativo o transferencia bancaria, en cuyo caso el cheque se entregará o la trasferencia se realizará en la fecha habitual de pago. En cualquier caso, el empresario está obligado a entregar al trabajador el correspondiente recibo de salario.

El trabajador tendrá derecho a percibir, antes de que llegue el día señalado para el pago, anticipos a cuenta del trabajo realizado, hasta un máximo del 90 por 100 de los salarios devengados.

CUESTIONES

1. ¿Qué es el salario y qué no lo es?

En virtud del mencionado laudo, tendrán la consideración de salario las percepciones económicas de los trabajadores en dinero o en especie, por la prestación profesional de los servicios laborales por cuenta ajena, ya retribuyan el trabajo efectivo o los períodos de descanso computables como de trabajo.

No tendrán la consideración legal de salario las cantidades percibidas por el trabajador por los siguientes conceptos:

– Indemnizaciones o suplidos por gastos que hubieran de ser realizados por el trabajador, como consecuencia de su actividad laboral.

– Prestaciones e indemnizaciones de la Seguridad Social.

– Indemnizaciones correspondientes a traslados, suspensiones o despidos.

2. ¿Qué salario cobrará una persona trabaja en el campo?

Las retribuciones del personal se regularán en el convenio aplicable (o pacto individual con la empresa) en función del salario base de su grupo profesional, puesto de trabajo y los complementos correspondientes. Mediante un real decreto anual se fijará, previa consulta con las organizaciones sindicales y asociaciones empresariales más representativas, el «Salario Mínimo Interprofesional», tanto para los trabajadores fijos como para los eventuales o temporeros.

Las personas trabajadoras eventuales, así como las temporeras y temporeros cuyos servicios a una misma empresa no excedan de ciento veinte días percibirán, conjuntamente con el salario mínimo, la parte proporcional de la retribución de los domingos y festivos, así como de las dos gratificaciones extraordinarias a que, como mínimo, tiene derecho toda persona trabajadora, correspondientes al salario de treinta días en cada una de ellas, sin que la cuantía del salario profesional pueda resultar inferior al mínimo establecido anualmente.

La retribución del periodo de vacaciones se efectuará de acuerdo con el artículo 38 del Estatuto de los Trabajadores y demás normas de aplicación.

4. Régimen disciplinario

En el laudo se incluye el régimen disciplinario —que regula y clasifica las faltas laborales— así como las sanciones y su procedimiento sancionador.

5. Indemnizaciones

Por desplazamiento: los empleadores, para compensar los gastos de desplazamiento de los trabajadores abonarán a estos un complemento extrasalarial, consistente en una cantidad de 20 pesetas por kilómetro, tanto a la ida como a la vuelta, a contar desde el domicilio del trabajador hasta el centro de trabajo, con un máximo de 25 kilómetros. La distancia se medirá tanto a la ida como a la vuelta, descontando los dos primeros kilómetros, tanto en un caso como en el otro.

- No procederá este complemento cuando la empresa desplace con medios propios a los trabajadores o proporcione vivienda o medio adecuado de locomoción.

- En las actividades forestales, además de lo especificado en el apartado anterior, las empresas tendrán la obligación de facilitar el transporte de los trabajadores desde la localidad más próxima al centro de trabajo y desde este a aquella.

Por movilidad geográfica: en los supuestos en que el trabajador, por decisión empresarial y en virtud de las necesidades del trabajo se vea obligado a pernoctar en localidad distinta a la de su residencia percibirá además de su salario los gastos de desplazamiento y una dieta diaria equivalente a su salario diario. En los días de salida y llegada devengarán idénticas dietas (art. 40 del ET).

Por accidente de trabajo: a pesar de que el Laudo analizado no lo contempla, en el sector es frecuente la obligación por convenio colectivo de establecer seguros de accidentes que cubran los siniestros de los/as trabajadores/as por accidente de trabajo con resultado de muerte o incapacidad permanente en cualquier grado. [A modo de ej.: art. 24 del convenio colectivo del campo de la provincia de Valladolid para 2024-2026 (cód. n.º 47000555011982)].

CUESTIONES

1. ¿Qué sucede si se pierden horas por incidencias climatológicas?

Las horas perdidas por los trabajadores fijos, por causa de lluvias u otras incidencias atmosféricas, serán recuperables en un 50 por 100 por ampliación de la jornada legal en días sucesivos, abonándose íntegramente el salario correspondiente a la jornada interrumpida, sin que proceda el pago de las horas trabajadas por tal recuperación. El período de tiempo que se agregue a la jornada ordinaria por el concepto indicado no podrá exceder de una hora, y siempre dentro de los días laborables de las semanas siguientes, salvo acuerdo entre las partes.

A los trabajadores temporeros y eventuales se les abonará el 50 por 100 del salario si, habiéndose presentado en su lugar de trabajo, tuviera que ser suspendido antes de su iniciación o transcurridas dos horas de trabajo. Si la suspensión tuviese lugar después de dos horas de trabajo, percibirán íntegramente el salario, sin que en ningún caso proceda la recuperación del tiempo perdido.

2. ¿Existen horas extraordinarias?

Sí. Tendrá la consideración de horas extraordinarias cada hora de trabajo que se realice sobre la duración máxima de la jornada ordinaria de trabajo.

La realización de horas extraordinarias será compensada con descanso en los cuatro meses inmediatamente posteriores a su realización. Si no pudieran ser compensadas con descanso alternativo cada hora extraordinaria será retribuida con la cantidad que resulte de aplicar un incremento del 50 por 100 al salario hora ordinaria.

3.2. ¿Cómo ha afectado la reforma laboral 2021-2022 y las últimas modificaciones normativas a la contratación agraria?

La contratación del personal por las explotaciones agrarias se formalizará atendiendo a las condiciones pactadas en el convenio colectivo aplicable y de conformidad con las disposiciones vigentes en la materia.

La **reforma laboral 2021-2022** (Real Decreto-ley 32/2021, de 28 de diciembre) supuso **cambios significativos que afectaron a las relaciones laborales también en el sector de la agricultura**.

1. Contrato indefinido

Son aquellos/as trabajadores/as con contrato indefinido —a jornada completa o parcial— que prestan sus servicios en las empresas del sector. Es decir, a diferencia de los contratos temporales (o formativos), el contrato indefinido no tiene una fecha concreta de extinción, sino que el vínculo laboral entre empresa y personas trabajadora perdura hasta que alguno de los dos lo rompa.

> **A TENER EN CUENTA**. Con efectos de 30 de marzo de 2022, el contrato de trabajo se presume concertado por tiempo indefinido (art. 15.1 del ET).

Su formalización puede ser verbal o escrita, salvo aquellos en los que se especifique la obligatoriedad de forma escrita (art. 8.2 del ET).

En paralelo a la existencia de un contrato indefinido ordinario (a jornada completa, tiempo parcial, o para la prestación de servicios fijos discontinuos), la adquisición de la condición de indefinido por parte de la persona trabajadora puede derivar de otros supuestos:

- No dar de alta al trabajador en la Seguridad Social (art. 15.4 del ET).
- Contratos temporales celebrados en fraude de ley (art. 15.4 del ET).
- Encadenamiento de contratos temporales (art. 15.5 del ET).

2. Contratos de duración determinada y nueva modalidad específica del contrato por circunstancias de la producción para el sector agrícola

En atención a las especiales características del sector que conlleva el incremento ocasional e imprevisible de la actividad y oscilaciones, que aun tratándose de la actividad normal de la empresa, generan un desajuste temporal entre el empleo estable disponible y el que se requiere, la modificación operada sobre el art. 15 del ET (con efectos de 30/03/2022) ha supuesto:

- Desaparecen las antiguas modalidades de contratación temporal de obra o servicio determinado, eventuales y de interinidad.
- El contrato de trabajo se presume concertado por tiempo indefinido.

- Solo podrán celebrarse el contrato de trabajo de duración determinada por circunstancias de la producción o por sustitución de persona trabajadora.

- Se establece un régimen transitorio para los contratos de duración determinada vigentes a 31/12/2021 (D.T. 3.ª del Real Decreto-ley 32/2021, de 28 de diciembre): se mantendrá la regulación normativa bajo la que fueron concertados hasta duración máxima (en el caso del contrato de obra tres años ampliable hasta doce meses más por convenio colectivo).

- Se establece un régimen transitorio para los contratos de duración determinada concertado entre el 31/12/2021 y el 30/03/2022 (D.T. 4.ª del Real Decreto-ley 32/2021, de 28 de diciembre): se regirán por la normativa legal o convencional vigente en la fecha en que se han concertado y su duración no podrá ser superior a 6 meses.

Con el nuevo panorama, la contratación temporal de trabajadores en el sector agrario se circunscribía a dos posibilidades: **sustitución de persona trabajadora con reserva del puesto de trabajo** siempre que se especifique en el contrato el nombre de la persona sustituida y la causa de la sustitución (art. 15.3 del ET) o un **contrato por circunstancias de la producción** (art. 15.2 del ET). **Desde el 02/01/2025**, atendiendo a las modificaciones realizadas por la Ley 1/2025, de 1 de abril sobre el art. 15 del ET, se crea una **nueva modalidad específica del contrato por circunstancias de la producción para el sector agrícola**.

| Circunstancias de la producción (art. 15.2 del ET) | Objeto | 1. **Cubrir el incremento ocasional e imprevisible** y las oscilaciones que, aun tratándose de la actividad normal de la empresa, generan un desajuste temporal entre el empleo estable disponible y el que se requiere, siempre que no responda a la situación de fijo-discontinuo (art. 15.1 del ET). Entre las oscilaciones a que se refiere el párrafo anterior se entenderán incluidas, por ejemplo, aquellas que derivan de las vacaciones anuales.

 2. **Cubrir situaciones ocasionales, previsibles y que tengan una duración reducida y delimitada.**

 3. **En el sector agrícola, ganadero y forestal o industrias asociadas a estos sectores:** la cobertura de una o varias campañas de corta duración, con el límite anual de 120 jornadas reales. |
| | Duración | 1. **Cubrir el incremento ocasional e imprevisible:** máximo de 6 meses. Si el convenio lo permite hasta un año. Es posible prorrogar cuando se hubiera concertado por una duración inferior a la máxima legal o convencionalmente establecida.

 2. **Cubrir situaciones ocasionales, previsibles y que tengan una duración reducida y delimitada,** máximo 90 días en el año natural (estos 90 días no podrán ser utilizados de manera continuada).

 3. **En el sector agrícola, ganadero y forestal o industrias asociadas a estos sectores:** un total de 120 días en el año natural (estos 120 días no podrán ser utilizados de manera continuada). |

Sustitución de persona trabajadora (art. 15.3 del ET)	Objeto	1. **La sustitución de una persona trabajadora con derecho a reserva de puesto de trabajo**, siempre que se especifique en el contrato el nombre de la persona sustituida y la causa de la sustitución.
		2. **Para completar la jornada reducida por otra persona trabajadora,** cuando dicha reducción se ampare en causas legalmente establecidas o reguladas en el convenio colectivo y se especifique en el contrato el nombre de la persona sustituida y la causa de la sustitución.
		3. **Para la cobertura temporal de un puesto de trabajo durante el proceso de selección o promoción** para su cobertura definitiva mediante contrato fijo.
	Duración	Con carácter general, la duración será la de **la ausencia o reducción de jornada que justifique esta contratación.**
		Excepción con duración concreta: el contrato de sustitución para la cobertura temporal de un puesto de trabajo durante el proceso de selección o promoción para su cobertura definitiva mediante contrato fijo, no puede superar los tres meses, o el plazo inferior recogido en convenio colectivo, ni pueda celebrarse un nuevo contrato con el mismo objeto una vez superada dicha duración máxima.

A TENER EN CUENTA. Los contratos temporales (para atender situaciones ocasionales, previsibles y que tengan una duración reducida) asociados a las campañas agrarias y agroalimentarias podrán tener una duración de 120 días naturales (frente a los 90 días naturales establecidos de forma general para esta modalidad contractual).

CUESTIONES

1. ¿Podría utilizarse el contrato temporal por circunstancias de la producción en el ámbito del campo?

Este tipo de contrato es de difícil encuadre salvo que pensemos en las campañas agrícolas de corta duración, en este caso, hay que tener presente que la duración máxima del contrato por año natural, será de 90 días que no pueden ser consecutivos.

2. ¿Qué pasaría si el empleador realiza un contrato temporal en lugar de uno indefinido?

En el caso que pueda justificar la causa de la temporalidad no habría problema, no obstante, la reforma laboral 2021/2022 prima el contrato indefinido sobre los temporales y en caso de realizarse en fraude de ley, el contrato temporal se convertiría en indefinido.

3. Tras la reforma laboral 2021/2021, ¿qué tipo de contratos van a operar o se formalizarán con los trabajadores del campo?

El legislador no ha concretado ninguna especificación para el sector agrario en materia de contratación, dejando este aspecto al criterio del empleador. Permitiéndose las modalidades de duración determinada para los supuestos tasados por la norma estatutaria, el contrato fijo—discontinuo se generalizará para:

– La realización de trabajos de naturaleza estacional o actividades productivas de temporada.

– Aquellos que no tengan naturaleza estacional o de temporada pero que, siendo de prestación intermitente, tengan periodos de ejecución ciertos, determinados o indeterminados.

3. Contratación de trabajadores fijos-discontinuos

El contrato por tiempo indefinido fijo-discontinuo se concertará para:

- Trabajos de naturaleza estacional.
- Trabajos vinculados a actividades productivas de temporada.
- El desarrollo de aquellos que no tengan naturaleza estacional o de temporada pero que, siendo de prestación intermitente, tengan periodos de ejecución ciertos, determinados o indeterminados.
- Prestación de servicios en el marco de ejecución de contratas mercantiles o administrativas que, siendo previsibles, formen parte de la actividad ordinaria de la empresa.
- Entre una empresa de trabajo temporal y una persona contratada para ser cedida (art. 10.3 la Ley 14/1994, de 1 de junio).

Esta modalidad se formalizará **necesariamente por escrito** (art. 8.2 del ET) y deberá reflejar los elementos esenciales de la actividad laboral, entre otros, la duración del periodo de actividad, la jornada y su distribución horaria, si bien estos últimos podrán figurar con carácter estimado, sin perjuicio de su concreción en el momento del llamamiento.

Mediante convenio colectivo o, en su defecto, acuerdo de empresa, se establecerán los criterios objetivos y formales por los que debe regirse el **llamamiento** de las personas fijas-discontinuas. En todo caso, el llamamiento deberá realizarse por escrito o por otro medio que permita dejar constancia de la debida notificación a la persona interesada con las indicaciones precisas de las condiciones de su incorporación y con una antelación adecuada.

Sin perjuicio de lo anterior, la empresa deberá trasladar a la representación legal de las personas trabajadoras, con la suficiente antelación, al inicio de cada año natural, un **calendario con las previsiones de llamamiento anual**, o, en su caso, semestral, así como los datos de las altas efectivas de las personas fijas discontinuas una vez se produzcan.

Las personas fijas-discontinuas podrán ejercer las acciones que procedan en caso de **incumplimientos relacionados con el llamamiento**, iniciándose el plazo para ello desde el momento de la falta de este o desde el momento en que la conociesen.

Las personas trabajadoras fijas discontinuas podrán cobrar la prestación por desempleo en los periodos de inactividad productiva entre campañas. Del mismo modo, tienen acceso a los subsidios por desempleo en las mismas condiciones y con los mismos derechos que se aplican al resto de personas trabajadoras por cuenta ajena (D.F. 6.ª del Real Decreto-ley 32/2021, de 28 de diciembre; arts. 277, 280 de la LGSS y D.T. 4.ª del Real Decreto-ley 3/2022, de 1 de marzo).

CUESTIONES

1. ¿Es posible la celebración a tiempo parcial de los contratos fijos-discontinuos?

La modificación del artículo 16 del ET, con vigencia desde el 30 de marzo de 2022, supone que los trabajos discontinuos que se repitan en fechas ciertas no tendrán, a partir de la fecha indicada, la consideración de contratos a tiempo parcial celebrados por tiempo indefinido, sino que tendrán la consideración de contratos fijos-discontinuos (BNR 1/2022). No obstante, los convenios citados podrán acordar, cuando las peculiaridades de la actividad del sector así lo justifiquen, la celebración a tiempo parcial de los contratos fijos-discontinuos, y la obligación de las empresas de elaborar un censo anual del personal fijo-discontinuo.

2. ¿Existe un periodo mínimo de llamamiento anual? ¿Debe abonarse alguna cuantía por fin de llamamiento?

Los convenios también podrán establecer un periodo mínimo de llamamiento anual y una cuantía por fin de llamamiento a satisfacer por las empresas a las personas trabajadoras, cuando este coincida con la terminación de la actividad y no se produzca, sin solución de continuidad, un nuevo llamamiento.

3. ¿Debe ofrecerse a las personas trabajadoras bajo esta modalidad información sobre la existencia de vacantes con carácter fijo ordinario?

La empresa deberá informar a las personas fijas-discontinuas y a la representación legal de las personas trabajadoras sobre la existencia de puestos de trabajo vacantes de carácter fijo ordinario, de manera que aquellas puedan formular solicitudes de conversión voluntaria, de conformidad con los procedimientos que establezca el convenio colectivo sectorial o, en su defecto, el acuerdo de empresa.

3.3. Contratación de trabajadores temporeros extranjeros en el nuevo Reglamento de extranjería

En este epígrafe podemos diferenciar dos tipos de trabajadores, los que provengan de la UE y los que no formen parte de la misma.

1. Trabajadores temporeros que forman parte de la UE

Si contrata a trabajadores temporeros que no disponen de pasaporte de un país de la UE o de la AELC («nacionales de terceros países»), existen normas específicas de la UE sobre su entrada y estancia en la UE que debe conocer.

La libre circulación de trabajadores es un principio fundamental establecido en el artículo 45 del Tratado de Funcionamiento de la Unión Europea. En este caso, se aplicará el Reglamento (UE) n.º 492/2011 del Parlamento Europeo y del Consejo de 5 de abril de 2011, relativo a la libre circulación de los trabajadores dentro de la Unión que establece que «todo nacional de un Estado miembro, sea cual fuere su lugar de residencia, tendrá derecho a acceder a una actividad por cuenta ajena y a ejercerla en el territorio de otro Estado miembro, de conformidad con las disposiciones legales, reglamentarias y administrativas que regulan el empleo de los trabajadores nacionales de dicho Estado». En virtud del principio comunitario de libre circulación, el trabajador proveniente de cualquier país de la UE podrá ser contratado para desempeñar las labores agrarias en el campo sin necesidad de solicitar un permiso de trabajo, evidentemente ajustando los contratos a la nueva normativa laboral vigente en este momento, pudiendo formalizar los contratos que venimos explicando anteriormente.

2. Trabajadores temporeros extranjeros

Históricamente las ofertas de empleo de carácter temporal eran de dos tipos:

- De temporada o campaña, con una duración máxima de nueve meses dentro de un periodo de doce meses consecutivos.
- De obra o servicio, cuya duración prevista no exceda de un año.

Estas posibilidades entraban en conflicto con las posibles modalidades contractuales tras la reforma laboral 2021/2022, al no ser posible vincular las autorizaciones de trabajo, o sus renovaciones, a la duración de las modalidades contractuales existentes.

La modificación del ahora derogado art. 170 del Real Decreto 557/2011, de 20 de abril (con fecha de efectos del 16/08/2022) supuso una nueva redacción a las **especialidades de los procedimientos relativos a autorizaciones en el marco de la gestión colectiva de contrataciones en origen.** No obstante, la entrada en vigor, **con efectos de 20/05/2025,** del nuevo Reglamento de Extranjería (Real Decreto 1155/2024, de 19 de noviembre) ha supuesto importantes cambios frente a la regulación anterior.

La **configuración laboral de los temporeros agrícolas** en este momento pasa por:

1. **Permiso único.** El denominado permiso único de trabajo y residencia para nacionales de terceros países, simplifica el proceso de solicitud para ciudadanos de terceros países que desean trabajar en el sector agrícola. Por medio de la Directiva (UE) 2024/1233 del Parlamento Europeo y del Consejo, de 24 de abril de 2024, se establece un procedimiento único de solicitud de un permiso único que autoriza a los nacionales de terceros países a residir y trabajar en el territorio de un Estado miembro, además de establecer un conjunto común de derechos para los trabajadores de terceros países que residen legalmente en un Estado miembro.

2. **Residencia y trabajo para actividades de temporada.** Se introduce la regulación de la residencia y trabajo para actividades de temporada en el título V del RLOEX, artículos 100 a 112, entendiéndose que se halla en esa situación la persona extranjera mayor de dieciséis años autorizada a residir en España y a ejercer actividades laborales por cuenta ajena por periodos máximos de nueve meses en un año natural, durante el periodo de vigencia de la autorización, para ejercer una actividad de temporada.

3. **Autorización de residencia y trabajo para actividades de temporada a nivel individual.** En relación a esta nueva regulación, señala el preámbulo del Reglamento de Extranjería: «(...) se introduce la autorización de residencia y trabajo para actividades de temporada también a nivel individual. Asimismo, se introducen en el reglamento los contenidos relativos a derechos y garantías de las personas trabajadoras que se preveían anualmente en la Orden Ministerial sobre gestión colectiva de contrataciones en origen, aumentando así la seguridad jurídica y mejorando la correcta trasposición de la Directiva 2014/36/UE del Parlamento Europeo y del Consejo de 26 de febrero de 2014 sobre las condiciones de entrada y estancia de nacionales de terceros países para fines de empleo como trabajadores temporeros».

4. **Gestión colectiva de contrataciones en origen.** La gestión colectiva permite, al amparo del art. 39 de la Ley Orgánica 4/2000, de 11 de enero, artículos 113 a 123 del Real Decreto 1155/2024, de 19 de noviembre y orden anual por la que se regula la gestión colectiva de contrataciones en origen, la contratación de trabajadores que no se hallen ni residan en España, seleccionados en sus países de origen a partir de las ofertas genéricas presentadas por los empleadores.

La Orden ISM/1488/2024, de 27 de diciembre, por la que se regula la gestión colectiva de contrataciones en origen para 2025 establece las diferentes actuaciones de gestión, selección e intervención social y concesión de autorizaciones de trabajo, o de residencia y trabajo.

> **A TENER EN CUENTA.** A las situaciones citadas debemos incorporar otros supuestos con regulación específica como: residencia temporal por reagrupación familiar y trabajo, residencia temporal y trabajo por cuenta ajena o la residencia temporal por circunstancias excepcionales de arraigo.

3.3.1. Residencia y trabajo para actividades de temporada

Como novedad del Real Decreto 1155/2024, de 19 de noviembre, en vigor a partir del 20 de mayo de 2025, se introduce la regulación de la residencia y trabajo para actividades de temporada en el título V del mismo, artículos 100 a 112, entendiéndose que se halla en esa situación la persona extranjera mayor de dieciséis años autorizada a residir en España y a ejercer actividades laborales por cuenta ajena por periodos máximos de nueve meses en un año natural, durante el periodo de vigencia de la autorización, para ejercer una actividad de temporada.

La regulación de la residencia y trabajo para actividades de temporada se incorpora como novedad en el Real Decreto 1155/2024, de 19 de noviembre, en vigor a partir del 20 de mayo de 2025, y así se dedica a esta materia el **título V, artículos 100 a 112 del Reglamento de Extranjería**.

En relación a esta nueva regulación, señala el preámbulo del Reglamento de Extranjería:

> «(...) se introduce la autorización de residencia y trabajo para actividades de temporada también a nivel individual. Asimismo, se introducen en

el reglamento los contenidos relativos a derechos y garantías de las personas trabajadoras que se preveían anualmente en la Orden Ministerial sobre gestión colectiva de contrataciones en origen, aumentando así la seguridad jurídica y mejorando la correcta trasposición de la Directiva 2014/36/UE del Parlamento Europeo y del Consejo de 26 de febrero de 2014 sobre las condiciones de entrada y estancia de nacionales de terceros países para fines de empleo como trabajadores temporeros».

A TENER EN CUENTA. El título V del Reglamento de Extranjería relativo a las autorizaciones de residencia y trabajo para actividades de temporada podrá desarrollarse mediante orden ministerial de la persona titular del Ministerio de Inclusión, Seguridad Social y Migraciones, la cual deberá aprobarse en el plazo máximo de un año desde el 20 de mayo de 2025, fecha de entrada en vigor del citado reglamento (D.A. 1.ª del Reglamento de Extranjería).

En cuanto al concepto, del artículo 100 del Reglamento de Extranjería se infiere que «se halla en situación de residencia y trabajo para actividades de temporada la persona extranjera mayor de dieciséis años autorizada a **residir en España y a ejercer actividades laborales por cuenta ajena** por periodos máximos de **nueve meses en un año natural**, durante el periodo de vigencia de la autorización, para **ejercer una actividad de temporada**».

En el caso de contrataciones de las personas extranjeras titulares de las autorizaciones de residencia y trabajo para actividades de temporada, señala la D.A. 10.ª del Reglamento de Extranjería, que no se cotizará por la contingencia de desempleo.

1. Características de la autorización de residencia temporal y trabajo para actividades de temporada

Como notas características de la autorización de residencia temporal y trabajo para actividades de temporada destacar:

- Tendrán una **duración de 4 años,** quedando su vigencia sujeta al mantenimiento de las condiciones que justificaron su concesión.

- Durante su vigencia habilita a sus titulares a **trabajar por un periodo de actividad máximo de 9 meses durante cada año natural.**

- Se concede para un **solo empleador**, salvo lo previsto respecto de los casos de concatenación, prórrogas del periodo de actividad y cambios de empleador.

- Se prohíbe a las **empresas de trabajo temporal** ser titulares de este tipo de autorizaciones y ser autorizados por cambio de empleador o en la cadena de concatenaciones.

- La autorización **se limita a un ámbito geográfico autonómico y a una ocupación**, excepto cuando no resulte aplicable el requisito de la situación nacional de empleo. Si la comunidad autónoma tiene competencias en materia de autorización inicial de trabajo podrá fijar el ámbito geográfico de la autorización dentro de su territorio.

• La persona extranjera dispone de un mes desde el alta en el régimen de la Seguridad Social correspondiente para solicitar personalmente la tarjeta de identidad de extranjero en la cual debe constar que la autorización es para actividades de temporada.

La Comisión Laboral Tripartita de Inmigración será informada sobre la evolución de las contrataciones de trabajadores de temporada que se determinen.

2. ¿Cuáles son los requisitos necesarios para conceder la autorización de residencia temporal y trabajo para actividades de temporada?

Los requisitos para la concesión de la autorización de residencia temporal y trabajo para actividades de temporada son los previstos en el artículo 74 del Reglamento de Extranjería respecto de la residencia temporal y trabajo por cuenta ajena con las siguientes **particularidades**:

• La persona trabajadora no ha de residir ni hallarse en España.

• Ha de formalizarse por escrito un contrato fijo-discontinuo conforme al artículo 16 del ET, y que contenga, como mínimo, las referencias:

» Del Real Decreto 1659/1998, de 24 de julio, por el que se desarrolla el artículo 8, apartado 5, de la Ley del Estatuto de los Trabajadores en materia de información al trabajador sobre los elementos esenciales del contrato de trabajo.

» Aquellas otras que la normativa laboral establezca para el tipo de contrato correspondiente y, en concreto, el lugar y el tipo de trabajo; la duración de temporada; las horas de trabajo y la fecha de inicio del trabajo.

• Se dará al mismo tiempo una copia por escrito del contrato en un idioma que pueda entender la persona trabajadora.

• El empleador ha de poner a disposición de la persona trabajadora un alojamiento adecuado conforme al artículo 109 del Reglamento de Extranjería.

• El empleador ha de suscribir un seguro que cubra la asistencia sanitaria de la persona trabajadora desde la fecha de inicio del viaje a España hasta aquella en que se produzca el alta en el régimen correspondiente de la Seguridad Social.

• Ha de abonarse la tasa relativa a la autorización de residencia y trabajo para actividades de temporada.

• El empleador ha de comprometerse a la organización de los viajes de la persona trabajadora conforme al artículo 107.1, letra c), del Reglamento de Extranjería.

• El empleador ha de indicar el periodo de actividad previsto para el primer año de la autorización plurianual y, en su caso, las concatenaciones contractuales.

• La persona trabajadora extranjera ha de comprometerse a retornar a su país de origen y notificarlo en los términos establecidos.

- La persona trabajadora extranjera ha de comprometerse a cumplir las normas vigentes sanitarias, de régimen interior y convivencia en explotaciones y alojamientos o de riesgos laborales.

- La persona trabajadora ha de tener los certificados o licencias administrativas que, en su caso, se exijan para el desarrollo de una actividad profesional regulada según la normativa sectorial aplicable.

- El empleador ha de aportar el compromiso de retorno firmado por la persona trabajadora.

- Asimismo, la situación nacional de empleo ha de permitir la contratación de personas trabajadoras extranjeras, salvo las de la previsión anual de ocupaciones aprobada en los procedimientos de gestión colectiva de contratos de trabajo que estarán a su propio régimen.

Cumplidos todos los requisitos, en cada año sucesivo al de la concesión de la autorización, la persona titular de la misma deberá ser llamada de nuevo por el empresario en el marco del contrato de trabajo celebrado.

Durante el primer año de la autorización se requerirá, para la entrada en España el visado de residencia y trabajo para actividades de temporada.

> **A TENER EN CUENTA**. Respecto del visado de residencia y trabajo para actividades de temporada cabe señalar que con el nuevo Reglamento de Extranjería los visados se regulan en un título propio, el título II, en el que se hace alusión a normas aplicables a todos los visados y a las particularidades de cada uno de los visados específico. Todo lo relativo a esta materia se analiza en el tema «Los visados en el nuevo Reglamento de Extranjería (20/05/2025)».

3. La autorización de residencia temporal y trabajo para actividades de temporada: procedimiento

El procedimiento respecto de las autorizaciones de residencia temporal y trabajo para actividades de temporada se ajustará a lo previsto en el artículo 77 del Reglamento de Extranjería respecto de la residencia temporal y trabajo por cuenta ajena, si bien con las siguientes particularidades:

- **Antelación mínima de 2 meses** al inicio de la actividad laboral para presentar las solicitudes, salvo que exista causa motivada.

- Con carácter específico, deberán acompañarse los siguientes documentos:

  » La acreditación por la empresa de haber informado a la persona trabajadora de los derechos y obligaciones que derivan de la firma del contrato de trabajo.

  » La prueba de estar en posesión o de haber solicitado un seguro de asistencia sanitaria.

  » La acreditación de que el empleador pondrá a disposición de la persona trabajadora un alojamiento adecuado.

  » El compromiso de organizar el viaje en los términos fijados en el artículo 107.1, letra c), del Reglamento de Extranjería.

» Declaración responsable del cumplimiento de solvencia económica. A estos efectos, y salvo negativa expresa del solicitante, se comprobará de oficio la información de la Agencia Estatal de Administración Tributaria y de la Tesorería General de la Seguridad Social respecto al cumplimiento de las obligaciones en materia tributaria y de Seguridad Social. Si el solicitante se niega a la comprobación deberá aportar la documentación correspondiente.

» Declaración responsable de la persona trabajadora donde acredite el compromiso de retorno, de cumplir las normas vigentes sanitarias, de régimen interior y convivencia en explotaciones y alojamientos o de riesgos laborales durante toda la vigencia de la autorización.

• Resolución y notificación: por la oficina de extranjería, de forma motivada y en el plazo máximo de un mes. Si no se resuelve expresamente en este plazo, se entiende desestimada la solicitud por silencio administrativo.

• Solicitud del visado correspondiente ante la oficina consular española competente y en el plazo de un mes desde la notificación de la resolución de concesión de la autorización.

• Alta en el régimen correspondiente de la Seguridad Social en el plazo máximo de 3 días desde la entrada en España de la persona trabajadora.

A TENER EN CUENTA. Conforme al artículo 103.7 del Reglamento de Extranjería «Estas solicitudes se orientarán preferentemente hacía los países con los que España haya firmado acuerdos sobre regulación y ordenación de flujos migratorios».

CUESTIONES

1. ¿Cuáles son las causas de denegación de la autorización de residencia temporal y trabajo para actividades de temporada?

Las causas de denegación se regulan en el art. 104 del Reglamento de Extranjería.

2. ¿Cuáles son las causas de extinción de la autorización de residencia temporal y trabajo para actividades de temporada?

Las **causas de extinción de la autorización de residencia temporal y trabajo para actividades de temporada** se establecen en el artículo 105 del Reglamento de Extranjería prevé:

Extinción por pérdida y retirada de la autorización si el **empleador incurre en alguno de los casos** indicados

La **persona trabajadora incurra en causa de denegación** prevista en el artículo 104.3 del Reglamento de Extranjería.

Si **no se da de alta a la persona trabajadora en el régimen de la Seguridad Social correspondiente**, cabe la posibilidad de retirar la autorización y declarar su extinción. A estos efectos, la oficina de extranjería podrá requerir a la persona empleadora que alegue causa justificada de la falta de alta y la tendrá en cuenta para la adopción de la resolución.

Salvo en el caso de las causas de extinción atribuibles a las personas trabajadoras, se permite la posible obtención de cambio de empleador, así como beneficiarse de las medidas y disposiciones previstas al respecto en el artículo 110 del Reglamento de Extranjería, siempre y cuando la persona trabajadora haya actuado diligentemente.

3. ¿Cómo se realizan los llamamientos de las personas titulares de la autorización durante la vigencia de la autorización plurianual?

A estos llamamientos se refiere el **artículo 106 del Reglamento de Extranjería** del cual se infiere la obligación del empleador de **comunicar** a la autoridad competente, a partir del segundo año de vigencia de la autorización, el inicio del llamamiento que ha realizado a la persona trabajadora titular de la autorización para el inicio del periodo de actividad correspondiente. Dicha comunicación, salvo causa motivada, deberá hacerse con una antelación mínima de 3 meses al inicio de la actividad laboral prevista.

El nuevo periodo de actividad **no puede exceder de 9 meses** y los términos de la actividad deben coincidir con los previstos en la autorización, salvo que haya un cambio de empleador, en este caso el llamamiento se hará por el nuevo empresario para la actividad aprobada con el cambio.

4. ¿En qué caso se puede solicitar una prórroga de la autorización de residencia y trabajo para actividades de temporada?

Se prevé la prórroga del periodo de actividad laboral anual en el artículo 111 del Reglamento de Extranjería para aquellos casos en que las personas titulares de la autorización finalicen su relación con el empleador que las contrató.

La prórroga podrá diferir respecto del empleador y del ámbito geográfico, pero ha de referirse a la misma ocupación y sector.

Se admiten prórrogas sucesivas si no superan los 9 meses en el periodo de actividad laboral y hay continuidad entre la finalización de la primera y el inicio de la segunda o sucesivas.

5. ¿Es posible renovar las autorizaciones de residencia y trabajo para actividades de temporada?

Sí. Para la renovación ha de estarse a lo previsto en el artículo 112 del Reglamento de Extranjería

6. ¿Qué sucede si el periodo de actividad finaliza durante el procedimiento de renovación o el de prórroga?

Conforme al artículo 112.5 del Reglamento de Extranjería, en este caso se permitirá a la persona trabajadora a permanecer en España hasta que se haya adoptado una decisión sobre la solicitud, siempre que esta se haya presentado dentro del período de validez de dicha autorización, no haya sido por causas imputables al trabajador y no haya expirado el periodo de nueve meses de actividad por año natural.

7. ¿Quién asume el coste de los viajes?

Salvo disposición en contrario, el empleador asumirá el coste del primer y del segundo viaje. En todo caso, asumirá el traslado de ida y vuelta entre el paso de entrada y el lugar de alojamiento y entre este y el de salida, al regreso. Asimismo, asumirá el traslado al lugar de trabajo desde el alojamiento.

8. ¿A quién corresponde supervisar el cumplimiento de las garantías previstas?

Será la Inspección de Trabajo y Seguridad Social la que vigile y exija el cumplimiento de las garantías previstas a favor de la persona trabajadora en ejercicio de las competencias atribuidas por su normativa específica. Su informe proporcionará información al órgano competente al efecto de dar cumplimiento a los requisitos previstos en el artículo 104 del Reglamento de Extranjería.

9. ¿Qué sucede si se extingue la autorización por incumplimiento del empresario?

En caso de que la autorización se extinga por incumplimiento del empresario, este deberá abonar una compensación al trabajador temporero conforme a los procedimientos previstos en la normativa aplicable.

10. ¿Qué sucede con el coste y los gastos del alojamiento?

Aunque el alojamiento será ofrecido preferentemente de forma gratuita, es posible que a la persona trabajadora se le exija el pago de una renta, la cual no superará el 15 % del IPREM vigente.

Respecto de los gastos de suministro (agua, luz...) podrán reclamarse a la persona trabajadora. En este caso, la suma de los gastos citados y la renta no podrá exceder del 22 % del IPREM, excepto que se pruebe un uso abusivo por parte de la persona trabajadora, en cuyo caso se le reclamará a esta el coste real de los suministros.

En relación con esto, las condiciones y régimen de cesión, incluidos los gastos reales de los suministros, deben figurar en un documento que el empleador facilitará a la persona trabajadora, así pues, la renta y los gastos no se deducen automáticamente del salario de la persona trabajadora, sino que se pagan atendiendo a dicho documento.

11. ¿Cuándo se permite el cambio de empleador?

La posibilidad de cambio de empleador se contempla en el artículo 110 del Reglamento de Extranjería en los casos siguientes:

3.3.2. Gestión colectiva de contrataciones en origen

La gestión colectiva permite, al amparo del art. 39 de la Ley Orgánica 4/2000, de 11 de enero, artículos 113 a 123 del Real Decreto 1155/2024, de 19 de noviembre y orden anual por la que se regula la gestión colectiva de contrataciones en origen, la contratación de trabajadores que no se hallen ni residan en España, seleccionados en sus países de origen a partir de las ofertas genéricas presentadas por los empleadores.

Con la entrada en vigor del Real Decreto 1155/2024, de 19 de noviembre, se deroga el RLOEX y pasa a regular la gestión colectiva de contrataciones en origen en el título VI de la nueva norma, artículos 113 a 123. El nuevo Reglamento de Extranjería incorpora la regulación de las autorizaciones de residencia y trabajo de temporada a nivel individual distinguiéndola de la contratación de trabajadores de forma colectiva que aquí nos ocupa.

La gestión colectiva de contrataciones en origen se define como *«el procedimiento para la concesión de múltiples autorizaciones iniciales de residencia y trabajo o de múltiples autorizaciones de residencia y trabajo para actividades de temporada de manera simultánea respecto de aquellas personas trabajadoras extranjeras que no se hallen o residan en España a través de su tramitación colectiva en origen a partir de las ofertas presentadas por uno o varios empresarios».*

Los llamamientos para las entradas sucesivas de las personas trabajadoras que sean titulares de autorizaciones de residencia y trabajo para actividades de temporada se regirán por el procedimiento de gestión colectiva.

CUESTIÓN

¿Cómo se seleccionarán las personas trabajadoras extranjeras?

Las personas trabajadoras extranjeras se seleccionan en sus países de procedencia pudiendo participar las autoridades competentes, en su caso. Si bien ni estas autoridades ni ningún intermediario podrán exigir a las personas trabajadoras extranjeras contraprestación económica por participar en el proceso de selección.

¿Cuáles son las figuras de la gestión colectiva de contrataciones en origen? El artículo 114 del Reglamento de Extranjería señala como tales las siguientes:

La **migración de carácter estable** para la contratación de forma colectiva de personas trabajadoras extranjeras en origen mediante la gestión simultánea de sus autorizaciones iniciales de residencia y trabajo por cuenta ajena.

La **migración circular** para la contratación fijo-discontinua de forma colectiva de personas trabajadoras en su país de procedencia mediante la gestión simultánea de autorizaciones de residencia y trabajo para actividades de temporada y la gestión de los llamamientos para sus entradas posteriores durante la vigencia plurianual de la autorización.

Los **visados de búsqueda de empleo** (arts. 43 a 45 del Reglamento de Extranjería).

La previsión de las ocupaciones y, en su caso, de la cifra de puestos de trabajo que se podrán cubrir a través de la gestión colectiva de contrataciones en origen, **se podrá aprobar anualmente,** atendiendo a la situación nacional de empleo, por la persona titular del Ministerio de Inclusión, Seguridad Social y Migraciones. Esta también podrá establecer un número de visados para búsqueda de empleo en las condiciones que se determinen, dirigidos a hijos o nietos de español de origen o a determinadas ocupaciones y ámbitos territoriales (art. 115 del Reglamento de Extranjería).

Si **transcurre un año y las contrataciones en origen son inferiores a las previstas ¿qué ocurre?** En este caso, el Ministerio de Inclusión, Seguridad Social y Migraciones, previa consulta a la Comisión Laboral Tripartita de Inmigración, podrá prorrogar la vigencia de la cifra que reste.

La elaboración de la citada propuesta de previsión anual corresponde a la **Secretaría de Estado de Migraciones**, previa consulta a la Comisión Laboral Tripartita de Inmigración. Una vez elaborada, se presentará ante la Comisión Interministerial de Extranjería para que informe sobre la procedencia de aprobar la Orden.

A TENER EN CUENTA. A la Comisión Laboral Tripartita de Inmigración le serán remitidos trimestralmente datos estadísticos sobre las autorizaciones solicitadas y concedidas, así como las solicitudes y concesiones de visados de búsqueda de empleo y las autorizaciones derivadas de estos.

CUESTIONES

1. ¿Qué ocurre si se determina improcedente el establecimiento de una cifra de contrataciones para una determinada anualidad?

Si atendiendo a las propuestas de las comunidades autónomas y a la situación nacional de empleo, se estima que no procede establecer una cifra de contrataciones para una determinada anualidad, a los efectos de determinar las ocupaciones estables o de temporada que puedan incluirse en la previsión se requerirá informe previo de la Comisión Laboral Tripartita de Inmigración.

2. Si no hay previsión anual —o habiéndola no se incluyen determinadas ocupaciones o puestos de trabajo—, ¿cómo se procederá?

Cuando no haya previsión anual o si la hay, en relación con las ocupaciones y/o puestos trabajo que no se incluyan en ella, se podrá realizar la gestión colectiva de las autorizaciones de residencia y trabajo para actividades de temporada y de las autorizaciones iniciales de residencia y trabajo, si bien, para ello se requerirá comprobar la situación nacional de empleo.

No obstante lo anterior, se permite, a los efectos de adaptarlo a la evolución del mercado de trabajo, que a lo largo del año se revise el número y distribución de las ofertas de empleo admisibles en el marco de la gestión colectiva de contrataciones en origen.

1. Autorizaciones a través de la gestión colectiva

El artículo 116 del Reglamento de Extranjería alude a los requisitos necesarios respecto de las autorizaciones relacionadas con la gestión colectiva, para ello distingue **dos supuestos:**

- **Autorizaciones iniciales de residencia y trabajo para la migración estable,** en cuyo caso se exige:
  - » Cumplir los requisitos específicos previstos para la residencia temporal y trabajo por cuenta ajena (art. 74 del Reglamento de Extranjería).
  - » Contar con el visado correspondiente.

- **Autorizaciones de residencia y trabajo para actividades de temporada y los llamamientos anuales posteriores de las personas trabajadoras titulares,** durante la vigencia de la autorización, en estos casos deben:
  - » Cumplirse los requisitos específicos de ambos supuestos (arts. 102 y 106 del Reglamento de Extranjería). Si bien, no puede obviarse la posibilidad de excepcionar la comprobación de la situación nacional de empleo respecto de las ocupaciones y/o puestos de trabajo incluidos en la previsión anual.

2. Garantías y derechos

En cuanto a los procedimientos de gestión colectiva las garantías y derechos de las personas trabajadoras extranjeras se concretan en los artículos 118 y 119 del Reglamento de Extranjería.

Así, los **empleadores** que pretendan ser **autorizados para la contratación de personas trabajadoras extranjeras en estos procedimientos** deberán asegurarles las siguientes **garantías:**

- **Personas contratadas mediante migración circular:** las previstas en el artículo 107 del Reglamento de Extranjería respecto de las autorizaciones de residencia y trabajo para actividades de temporada. En cuanto al alojamiento en estos casos se ofrecerá conforme a lo previsto en el artículo 109 del Reglamento de Extranjería.

- **Personas contratadas mediante migración estable:** las previstas en la regulación específica de las autorizaciones iniciales de residencia y trabajo y las siguientes:

  » Facilitar, antes de la firma del contrato de trabajo, una copia traducida del mismo a un idioma que comprenda la persona trabajadora.

  » Organizar los viajes de llegada a España y de regreso al país de origen de la contratación. El empleador solo asume el coste del viaje de llegada a España desde el país de origen de la contratación y los desplazamientos entre el punto de llegada y el alojamiento.

  » Realizar aquellas medidas dirigidas a dar cumplimiento a los requisitos de control sanitario exigidos tanto en el puesto de trabajo como en el control fronterizo, o en los desplazamientos intermedios, que establezca la autoridad sanitaria competente, asumiendo su coste.

  » Disponer de las medidas previstas en todos aquellos planes o protocolos a cuya realización se encuentren obligados los empleadores de conformidad con la normativa vigente en materia de igualdad, de prevención del acoso sexual y el acoso por razón de sexo en el trabajo y otras.

  » Además de lo anterior, en estos casos cabe la posibilidad de que las personas empleadoras pongan a disposición de la persona trabajadora un alojamiento conforme a lo previsto para los supuestos de migración circular.

En los dos casos anteriores se exige la **formalización de un contrato de trabajo** de acuerdo con las siguientes pautas:

- Contrato por escrito.
- Ha de contener las condiciones previstas en la oferta de empleo de la que trae causa la autorización.
- Debe ser firmado por las personas trabajadoras antes de su entrada en España.
- Debe contener los elementos esenciales previstos en el artículo 102.1, letra b), del Reglamento de Extranjería, así como el salario que percibirá la persona trabajadora en el caso de los de temporada.
- Si la persona a contratar no conoce de forma suficiente el español o la lengua oficial del contrato, la parte empleadora le facilitará una copia traducida a idioma que comprenda antes de la firma.

El cumplimiento de las garantías previstas a favor de la persona trabajadora se **vigilará y exigirá por la Inspección de Trabajo y Seguridad Social.**

A TENER EN CUENTA. En lo que se refiere al cambio de empleador, prórroga de la actividad laboral, renovación y modificación de las autorizaciones de residencia y trabajo se estará a la normativa específica de cada tipo de autorización.

Por lo que se refiere a los derechos destacar, en primer lugar, el derecho de las personas trabajadoras a recibir un trato igual al de las personas trabajadoras nacionales.

En segundo lugar, destaca el derecho de las personas solicitantes a recibir información en un idioma que comprendan sobre:

- Los documentos justificativos necesarios para una solicitud.

- Entrada y estancia, incluidos los derechos y obligaciones y las garantías del procedimiento de gestión colectiva previstas para la persona trabajadora extranjera.

- Al tiempo de expedir la autorización y por escrito, derechos y obligaciones de la persona trabajadora, incluidos los procedimientos de denuncia.

En relación con lo anterior, el empleador debe resolver todas las dudas de las personas trabajadoras antes de iniciar el contrato, así como garantizar que la persona trabajadora seleccionada, antes de la firma de su contrato, dispone de información clara y en un idioma que comprenda sobre:

- Las garantías, derechos y, en su caso, obligaciones contraídas al participar en la gestión colectiva de contrataciones en origen.

- Los términos y condiciones en los que se producirá su contratación y retribución, incluida la información contenida en la oferta de empleo de que la autorización trae causa.

En tercer lugar, atendiendo a las características del puesto de trabajo que se vaya a desempeñar, cabe la posibilidad de desarrollar cursos de formación, en España o en los países de procedencia, dirigidos a las personas trabajadoras que hayan sido seleccionadas o preseleccionadas. La formación será gratuita para las personas trabajadoras y se ajustará a lo previsto en la orden de gestión colectiva.

> **A TENER EN CUENTA.** La realización de los cursos de formación se entiende sin perjuicio de la aplicación de la normativa en materia de prevención de riesgos laborales.

3. Procedimiento de gestión colectiva de contrataciones en origen

Se regula este procedimiento en el capítulo III, título VI, **artículos 121 a 123 del Reglamento de Extranjería.**

En cuanto a la **legitimación** en este tipo de procedimientos **¿quién podrá solicitar la gestión colectiva de ofertas de empleo?** Las personas empleadoras que quieran contratar a personas trabajadoras extranjeras que no se hallen ni residan en España.

Salvo que se trate de empresas de trabajo temporal, las solicitudes podrán presentarse **directamente o a través de quien tenga válidamente su representación legal,** pudiendo ser organizaciones empresariales.

A efectos de simplificar el procedimiento, si concurren razones organizativas o el elevado número de personas trabajadoras lo aconseja, las personas empleadoras podrán atribuir a una misma organización empresarial la potestad de gestionar en su nombre las ofertas presentadas conjuntamente.

Respecto de las **ofertas** cabe mencionar los siguientes aspectos:

- Se dirigen a la contratación de personas trabajadoras a través de dos figuras: migración de carácter estable y migración circular.

- Podrán formularse de forma nominativa o genérica.

- Tanto unas como otras deberán contener un mínimo de 10 puestos de trabajo, salvo que la orden fije un límite distinto. Asimismo, es posible que se presenten solicitudes que, acumulando ofertas de dos o más personas empleadoras, sumen dicho número.

- Los puestos de una misma oferta deben reunir características homogéneas, de modo que permitan su tramitación acumulada.

- Describirán con precisión las condiciones laborales ofrecidas: lugar, tipo de contrato de trabajo...

- Si se dirigen a países donde el español no sea idioma oficial, se facilitará la traducción de las condiciones de la oferta a un idioma que comprendan.

- Es posible que en una sola solicitud se tramiten diversas ofertas de empleo de migración circular que se presenten planificada y conjuntamente por uno o varios empleadores o sus organizaciones empresariales con representación legal. A estos efectos, han de ser ofertas para atender diferentes periodos de trabajo estacionales o actividades sucesivas cuyo desarrollo vaya a tener lugar de forma consecutiva y sin interrupción entre ellas, que se recojan en un plan de concatenación.

- Las ofertas se orientarán preferentemente a los países con los que España tiene suscritos acuerdos sobre regulación y ordenación de flujos migratorios.

Por lo que se refiere a la **tramitación** del procedimiento de gestión colectiva se distingue según se trate de **ofertas genéricas o nominativas**.

A TENER EN CUENTA. El procedimiento se inicia con la presentación de la solicitud de gestión colectiva de ofertas genéricas de empleo por medios electrónicos a través de las aplicaciones habilitadas. La solicitud, salvo causa motivada, se presentará con una antelación mínima de 3 meses al inicio de la actividad laboral prevista en ellas. (art. 122 del Reglamento de Extranjería)

CUESTIÓN

¿A quién se dirigirá la solicitud?

A las áreas o dependencias de trabajo e inmigración de las delegaciones o subdelegaciones del Gobierno o a las oficinas de extranjería que tengan delegada la competencia de la provincia donde vaya a realizarse la actividad laboral, que será el órgano competente para la tramitación del procedimiento.

La solicitud se acompañará de la **documentación** exigida, incluirá una memoria justificativa de la oferta de empleo e indicará si se propone realizar acciones formativas previas en el país de origen de la contratación o en España.

Una vez presentada la solicitud, el órgano competente para tramitarla debe **verificar de oficio el cumplimiento de los requisitos para no ser inadmitida o** denegada. Informada favorablemente su tramitación se trasladará la solicitud a la Dirección General de Gestión Migratoria. Esta dará curso para el inicio de las actuaciones necesarias de preselección y selección de las personas trabajadoras en el país de origen de la contratación, previa valoración del expediente. Autorizando, una vez fijados los términos de la selección, la realización del proceso selectivo en el país de origen de la contratación.

4. Tramitación del procedimiento de ofertas nominativas

La tramitación del procedimiento de ofertas nominativas se ajustará a lo previsto para las ofertas genéricas, salvo para el proceso de selección ya realizado. Pero **¿en qué casos se podrá solicitar la gestión colectiva de ofertas nominativas de empleo?** En los siguientes (art. 123 del Reglamento de Extranjería:

- Cuando las personas trabajadoras hayan sido titulares de una autorización de residencia temporal y trabajo previa en España para actividades de temporada y hayan acreditado el regreso al país de origen de la contratación.

- Cuando así se determine en otros casos.

Como **supuesto especial** destacar el relativo a las **personas trabajadoras extranjeras de temporada** en el que el solicitante, pasado el primer año de la autorización, comunicará a la autoridad competente el llamamiento realizado a la persona trabajadora que repite y el periodo anual de trabajo previsto, todo ello respetando los términos contractuales establecidos para ocupación de la autorización. En estos supuestos, no será necesario contar con un visado.

4.
PROTECCIÓN FRENTE A LOS PERIODOS DE INACTIVIDAD

Las protecciones por desempleo a las que pueden acudir los trabajadores agrarios son de diversa índole y con distintas peculiaridades, se encuentran recogidas en la LGSS, además del Real Decreto 5/1997, de 10 de enero y el Real Decreto 426/2003, de 11 de abril, que habilita un subsidio especial para los trabajadores de Extremadura y Andalucía denominado renta agraria.

La prestación por desempleo se regula de forma general en los arts. 262-265 de la LGSS, y de manera específica a nivel contributivo en los arts. 266-273 de la LGSS, y a nivel asistencial (subsidio) arts. 274-280 de la LGSS. A **nivel de protección por desempleo**, por tanto, diferenciamos:

- **Prestaciones contributivas por desempleo**: es aquella que pretende proteger la situación de desempleo de quienes, pudiendo y queriendo trabajar, pierden su empleo de forma temporal o definitiva, o ven reducida temporalmente su jornada ordinaria de trabajo.

- **Prestaciones no contributivas por desempleo (subsidio por desempleo)**: es aquella ayuda destinada a los trabajadores por cuenta ajena que no tienen derecho o acceso a la **prestación contributiva** y que cumplen con determinados requisitos que establece la ley.

Dentro de los trabajadores del campo, podemos diferenciar tres tipos de trabajadores y las posibles prestaciones a las que pueden acceder:

TRABAJADORES FIJOS	TRABAJADORES FIJO-DISCONTINUOS	TRABAJADORES EVENTUALES
• Prestación contributiva por desempleo (arts. 262-273 de la LGSS). • Prestación no contributiva o subsidio por desempleo (arts. 274-280 de la LGSS).	• Prestación contributiva por desempleo (arts. 262-273 de la LGSS). • Prestación no contributiva o subsidio por desempleo (art. 274 de la LGSS). • Sistema Especial para Trabajadores por Cuenta Ajena Agrarios de la Seguridad Social (SEASS): » El subsidio por desempleo establecido en el Real Decreto 5/1997, de 10 de enero. » Renta agraria establecida en el Real Decreto 426/2003, de 11 de abril.	• Prestación contributiva por desempleo (con peculiaridades propias). • Prestación no contributiva o subsidio por desempleo del art. 274 de la LGSS [art. 287 de la LGSS, según Real Decreto-ley 2/2024, de 21 de mayo]. • Subsidio del SEASS: » El subsidio por desempleo establecido en el Real Decreto 5/1997, de 10 de enero. » Renta agraria establecida en el Real Decreto 426/2003, de 11 de abril.

JURISPRUDENCIA

STS n.º 328/2024, de de 22 de febrero, ECLI:ES:TS:2024:1179

«El art. 288 de la LGSS, en relación con la protección por desempleo de los trabajadores agrarios eventuales residentes en Andalucía y Extremadura, recuerda que este colectivo tiene derecho a la protección por desempleo que regula el art. 287 de la citada Ley, además del subsidio por desempleo del Real Decreto 5/1997, de 10 de enero, por el que se regula el subsidio por desempleo en favor de los trabajadores eventuales incluidos en el Régimen Especial Agrario de la Seguridad Social, o a la renta agraria del Real Decreto 426/2003, de 11 de abril, por el que se regula la renta agraria para los trabajadores eventuales incluidos en el Régimen Especial Agrario de la Seguridad Social residentes en las Comunidades Autónomas de Andalucía y Extremadura, cuando en el momento de producirse su situación de desempleo acrediten su condición de trabajadores eventuales agrarios y reúnan los requisitos exigidos en dichas normas, con las particularidades en aquel precepto se establecen y que son ajenas al debate que aquí se suscita».

1. Los trabajadores fijos

A estos efectos, se considerará trabajador fijo al asalariado que se contrata de manera indefinida y queda desempleado. Este colectivo tendrá derecho a dos tipos de prestaciones:

- • Prestación contributiva por desempleo (arts. 262-273 de la LGSS):
  - » Pretende proteger la situación de desempleo de quienes, pudiendo y queriendo trabajar, pierden su empleo de forma temporal o definitiva o ven reducida temporalmente su jornada ordinaria de trabajo entre un mínimo de 10 % y un máximo de un 70 %, respectivamente.

» La solicitud, el nacimiento y la conservación del derecho a la prestación contributiva por desempleo se regulan en el art. 268 de la LGSS. Para acceder a la prestación ha de solicitarse ante la entidad gestora en el plazo de quince días desde que se produzca la situación legal de desempleo y requerirá la inscripción como demandante de empleo y la firma de un compromiso de actividad.

» Serán beneficiarios de la prestación por desempleo las personas que, habiendo cotizado de forma previa a la Seguridad Social por la contingencia de desempleo, se encuentren en situación legal de desempleo, tengan el período mínimo de cotización exigido, no se encuentren en alguna de las situaciones de incompatibilidad, y, además, cumplan los requisitos que más adelante se indican (art. 264 de la LGSS).

» La cuantía de la prestación por desempleo se determina en función del promedio de las bases de cotización por desempleo de los últimos 180 días (seis meses) trabajados, excluidas las retribuciones percibidas en concepto de horas extraordinarias.

» Las cantidades a percibir por el prestacionista se encuentran limitadas por un factor temporal (durante los primeros 6 meses de prestación se percibirá el 70 % de la base reguladora y posteriormente al 60 %) y en función de unas cantidades máximas y mínimas según el IPREM y las cargas familiares (art. 270 de la LGSS).

» La duración de la prestación por desempleo estará en función de los períodos de ocupación cotizada en los 6 años anteriores a la situación legal de desempleo, al momento en que cesó la obligación de cotizar o desde el nacimiento del derecho a la prestación por desempleo anterior, en función a la escala establecida en el art. 269 de la LGSS.

» Las compatibilidades e incompatibilidades de la prestación contributiva por desempleo y el subsidio se regulan de manera unificada en el art. 282 de la LGSS.

» La regulación de la suspensión de la prestación y su extinción se encuentran establecidas en los arts. 271-272 de la LGSS.

• **Prestación no contributiva o subsidio por desempleo (art. 274-280 de la LGSS):**

» Es una ayuda económica para los desempleados que hayan agotado la prestación contributiva o no cumplan todas las condiciones para poder recibirla.

» El derecho al subsidio por desempleo nace a partir del día siguiente al del hecho causante siempre que se solicite en los quince días hábiles siguientes a la fecha del mismo. Solicitado fuera de dicho plazo, pero dentro de los seis meses siguientes a la fecha del hecho causante, nacerá el día de presentación de la solicitud. (art. 276 de la LGSS). Además, la normativa contempla requisitos específicos según la modalidad de subsidio (cargas familiares, mayores de 52 años, etc.).

» Los requisitos generales son los establecidos en los arts. 274 y 275 de la LGSS.

» La duración y cuantía está en función de la modalidad de subsidio a que se tenga derecho:

• Subsidio por desempleo ante cotizaciones insuficientes para el acceso a la prestación contributiva por desempleo y subsidio de desempleo por agotamiento de prestación contributiva: La cuantía del subsidio será igual a los siguientes porcentajes del indicador público de rentas de efectos múltiples mensual vigente en cada momento: el 95 por ciento durante los ciento ochenta primeros días, el 90 por ciento desde el día ciento ochenta y uno al día trescientos sesenta, y el 80 por ciento a partir del día trescientos sesenta y uno (art. 278 de la LGSS).

• Subsidio para mayores de 52 años: 80 por ciento del indicador público de rentas de efectos múltiples mensual vigente en cada momento (art. 280 de la LGSS).

» La suspensión y extinción del derecho al subsidio por desempleo se da en idénticas condiciones que las de la prestación contributiva regulada en los arts. 271-272 de la LGSS.

2. Los Trabajadores fijos discontinuos

A estos efectos podemos considerar a los trabajadores fijo-discontinuos del campo como los asalariados de carácter fijo que realizan el trabajo por temporadas, de manera cíclica y reiterada en el tiempo en fechas ciertas o inciertas dependiendo de las actividades agrarias.

En este caso, las protecciones por desempleo a las que pueden optar este tipo de trabajadores en virtud de la D.A. 2.ª del Real Decreto 864/2006, de 14 de julio, para la mejora del sistema de protección por desempleo de los trabajadores agrarios, son:

• **Prestación contributiva** (nos remitimos a lo ya expuesto en el apartado de trabajadores fijos).

• **Prestación no contributiva,** subsidio por desempleo (art. 274 de la LGSS).

• Subsidios del SEASS:

» **El subsidio por desempleo establecido en el Real Decreto 5/1997, de 10 de enero.**

» **Renta agraria establecida en el Real Decreto 426/2003, de 11 de abril para Andalucía y Extremadura.**

Cuando se opte por cualquiera de los subsidios del SEASS, se tendrán en cuenta todas las jornadas reales cotizadas en el Régimen Especial Agrario de la Seguridad Social, cualquiera que sea su número, como trabajador fijo discontinuo agrario siempre que no hayan sido computadas para obtener un derecho anterior, a la prestación por desempleo, a los subsidios por desempleo o a la renta agraria, y se hayan cubierto en los 12 meses naturales inmediatamente anteriores a la situación de desempleo.

No se incluirán en el cómputo de rentas del solicitante o beneficiario, ni de los miembros de la unidad familiar, las obtenidas por el trabajo agrario como trabajador por cuenta ajena de carácter fijo discontinuo.

3. Trabajadores eventuales

En aras a la reforma laboral 2021/2022, entendemos como trabajadores eventuales los asalariados que prestan sus servicios por medio de contratos de duración determinada por un periodo de tiempo concreto.

La protección por desempleo de los trabajadores agrarios eventuales se regula en el art. 287 de la LGSS, modificado completamente por el Real Decreto-ley 2/2024, de 21 de mayo, con efectos de 23 de mayo de 2024.

- **Prestación contributiva**. Para tener derecho a las prestaciones por desempleo, los trabajadores por cuenta ajena eventuales agrarios deberán reunir los requisitos establecidos en el art. 266 de la LGSS. Sin embargo, si de forma inmediatamente anterior figuraron de alta en Seguridad Social como trabajadores autónomos o por cuenta propia, el período mínimo de cotización necesario para el acceso a la prestación por desempleo será de setecientos veinte días, aplicándose, a partir de ese período, la escala prevista en el art. 269.1 de la LGSS. Esto se aplicará con independencia de que el trabajo en el que se acredite situación legal de desempleo sea o no eventual agrario, si el mayor número de cotizaciones al desempleo acreditadas corresponden a dicho trabajo eventual agrario.

- **Prestaciones no contributivas**: este colectivo tendrá acceso al subsidio por desempleo de nivel asistencial para las prestaciones solicitadas desde el 1 de noviembre de 2024 (D.T. 1.ª del Real Decreto-ley 2/2024, de 21 de mayo).

- Subsidio para eventuales del SEASS:
  - » El subsidio por desempleo establecido en el Real Decreto 5/1997, de 10 de enero.
  - » **Renta agraria establecida en el Real Decreto 426/2003, de 11 de abril**. Es una prestación específica dentro de la acción protectora por desempleo, destinada a los trabajadores eventuales agrarios que se encuentran en situación de desempleo y no puedan ser beneficiarios del subsidio por desempleo establecido por el Real Decreto 5/1997, de 10 de enero, al no haber sido beneficiarios de dicho subsidio en alguno de los tres años anteriores a la fecha de solicitud. Los mayores de 52 años podrán compatibilizar esta renta agraria con el trabajo por cuenta ajena.

A TENER EN CUENTA. Las cotizaciones por jornadas reales que hayan sido computadas para el reconocimiento de las prestaciones por desempleo de carácter general o del subsidio por cotización insuficiente para prestación contributiva[art. 274.1.b) de la LGSS] no podrán computarse para el reconocimiento del subsidio por desempleo en favor de los trabajadores agrarios eventuales (Real Decreto 5/1997, de 10 de enero), ni para el reconocimiento de la renta agraria (Real Decreto 426/2003, de 11 de abril); y las computadas para reconocer el citado subsidio o la renta agraria, no podrán computarse para obtener prestaciones por desempleo de carácter general.

CUESTIÓN

Si el trabajador eventual agrario reúne los requisitos para obtener la prestación por desempleo de nivel contributivo/asistencial o el subsidio agrario/renta agraria, ¿cuál recibirá?

Si el trabajador eventual agrario reúne los requisitos para obtener la protección por desempleo de nivel contributivo o asistencial regulada, así como para acceder al subsidio por desempleo (Real Decreto 5/1997, de 10 de enero), o la renta agraria (Real Decreto 426/2003, de 11 de abril), podrá optar por uno de los dos derechos, aplicándose la regla siguiente (art. 287.4 de la LGSS):

«Si solicita el subsidio por desempleo regulado en el Real Decreto 5/1997, de 10 de enero, o la renta agraria establecida en el Real Decreto 426/2003, de 11 de abril, todas las jornadas reales cubiertas en el Sistema Especial para Trabajadores por Cuenta Ajena Agrarios, cualquiera que sea su número, se tendrán en cuenta para acreditar los requisitos establecidos, respectivamente, en los artículos 2.1.c) y 2.1.d) de los citados reales decretos. Las cotizaciones por desempleo anteriores a la fecha del reconocimiento de dicho subsidio o renta agraria, que no se hayan computado para la obtención de tales derechos, podrán computarse para el reconocimiento de un derecho posterior, de nivel contributivo o asistencial».

4.1. Protección por desempleo de los trabajadores agrarios por cuenta ajena

4.1.1. Prestación contributiva por desempleo para trabajadores eventuales

La protección por desempleo de los trabajadores por cuenta ajena agrarios eventuales se aplicará conforme a lo establecido específicamente en el art. 287 de la LGSS.

Como hemos visto, la protección por desempleo prevista en el Sistema Especial para Trabajadores por Cuenta Ajena Agrarios presenta características propias según se trate de personas trabajadoras fijas, fijas-discontinuas o eventuales. Siempre teniendo en cuenta que los fijos y fijos discontinuos podrán acceder a las prestaciones y subsidios por desempleo en idénticas condiciones que en el RGSS, analizaremos ahora los **requisitos exigidos para el acceso de los trabajadores eventuales a la prestación por desempleo**.

La protección por desempleo de los trabajadores por cuenta ajena agrarios eventuales se aplicará conforme a lo establecido en el art. 266 de la LGSS con carácter general y, específicamente, en el art. 287 del mismo texto legal. De esta forma, para el acceso a la prestación será necesario cumplir con unos requisitos generales y otros específicos:

Requisitos generales (art. 266 de la LGSS)

- Estar afiliadas a la Seguridad Social y en situación de alta o asimilada al alta en los casos que legal o reglamentariamente se determinen.

- Tener cubierto el período mínimo de cotización (art. 269.1 de la LGSS), dentro de los seis años anteriores a la situación legal de desempleo o al momento en que cesó la obligación de cotizar.

- Encontrarse en situación legal de desempleo, acreditar disponibilidad para buscar activamente empleo y para aceptar colocación adecuada a través de la suscripción del compromiso de actividad (art. 300 de la LGSS).

- No haber cumplido la edad ordinaria que se exija en cada caso para causar derecho a la pensión contributiva de jubilación, salvo que el trabajador no tuviera acreditado el período de cotización requerido para ello o se trate de supuestos de suspensión de contrato o reducción de jornada.

- Estar inscrito como demandante de empleo en el servicio público de empleo competente.

Requisitos específicos (art. 287 de la LGSS)

- No cotizarán por la contingencia de desempleo, ni tendrán derecho a las prestaciones por desempleo por los períodos de actividad correspondientes, el cónyuge, los descendientes, ascendientes y demás parientes, por consanguinidad o afinidad hasta el segundo grado inclusive y, en su caso, por adopción, del titular de la explotación agraria en la que trabajen siempre que convivan con este, salvo que se demuestre su condición de asalariados.

- La duración de la prestación por desempleo estará en función de los períodos de ocupación cotizada en los 6 años anteriores a la situación legal de desempleo o al momento en que cesó la obligación de cotizar con arreglo a la siguiente escala:

Período de cotización (días)	Período de prestación (días)
Desde 360 hasta 539	120
Desde 540 hasta 719	180
Desde 720 hasta 899	240
Desde 900 hasta 1.079	300
Desde 1.080 hasta 1.259	360
Desde 1.260 hasta 1.439	420
Desde 1.440 hasta 1.619	480
Desde 1.620 hasta 1.799	540
Desde 1.800 hasta 1.979	600
Desde 1.980 hasta 2.159	660
Desde 2.160	720

> **A TENER EN CUENTA**. Si el trabajador eventual agrario de forma inmediatamente anterior figuró de alta en Seguridad Social como trabajador autónomo o por cuenta propia, el período mínimo de cotización necesario para el acceso a la prestación por desempleo será de setecientos veinte días, aplicándose la escala anterior a partir de ese período.

• No se aplicará a estos trabajadores la protección por desempleo de nivel asistencial (art. 274 de la LGSS).

Períodos de ocupación cotizada en actividades sujetas al Sistema Especial Agrario de la Seguridad Social como trabajador agrícola fijo

Los períodos de ocupación cotizada en actividades sujetas al Sistema Especial Agrario de la Seguridad Social como trabajador agrícola fijo o a otros regímenes que tengan previsto cotizar por la contingencia de desempleo y los períodos de ocupación cotizada como eventual agrario se computarán recíprocamente para la obtención de prestaciones de nivel contributivo. En este caso, si se acredita que el mayor período no corresponde a un período de ocupación cotizada como eventual agrario, las prestaciones por desempleo y, en su caso, los subsidios por agotamiento se otorgarán conforme a lo establecido con carácter general en este título; en otro caso, se aplicarán las normas especiales de protección previstas en este artículo, todo ello, con independencia de que la situación legal de desempleo se produzca por el cese en un trabajo eventual agrario, o no.

No cabrá el cómputo recíproco de cotizaciones previsto en el párrafo anterior para acceder al subsidio por desempleo establecido en el artículo 274.3 de la LGSS; por ello, las jornadas reales cubiertas en el Sistema Especial Agrario de la Seguridad Social como eventual agrario no se computarán para obtener dicho subsidio, pero servirán para obtener un futuro derecho a la prestación por desempleo de nivel contributivo, o, en su caso, al subsidio por desempleo establecido en el Real Decreto 5/1997, de 10 de enero, siempre que se cumplan los requisitos exigidos en cada caso.

Cotizaciones por jornadas reales

Las cotizaciones por jornadas reales que hayan sido computadas para el reconocimiento de las prestaciones por desempleo de carácter general no podrán computarse para el reconocimiento del subsidio por desempleo en favor de los trabajadores agrarios eventuales establecido en el Real Decreto 5/1997, de 10 de enero, y las computadas para reconocer el citado subsidio no podrán computarse para obtener prestaciones por desempleo de carácter general.

> **A TENER EN CUENTA**. El art. 3 del Real Decreto-ley 4/2022, de 15 de marzo (vigente hasta el 31 de diciembre de 2022) establece una reducción del número mínimo de jornadas reales cotizadas para acceder al subsidio por desempleo o a la renta agraria a favor de trabajadores eventuales agrarios residentes en el territorio de las Comunidades Autónomas de Andalucía y Extremadura.

Trabajador eventual agrario con derecho a desempleo de nivel contributivo y subsidio por desempleo

Si el trabajador eventual agrario reúne los requisitos para obtener la prestación por desempleo de nivel contributivo y el subsidio por desempleo establecido en el Real Decreto 5/1997, de 10 de enero, podrá optar por uno de los dos derechos, aplicándose las reglas siguientes:

- Si solicita el subsidio por desempleo establecido en el Real Decreto 5/1997, de 10 de enero, todas las jornadas reales cubiertas en el Sistema Especial Agrario de la Seguridad Social, cualquiera que sea su número, se tendrán en cuenta para acreditar el requisito establecido en el artículo 2.1.c) del citado real decreto. En el caso de existir cotizaciones por desempleo a otros regímenes de Seguridad Social no computadas para obtener dicho subsidio, las mismas servirán para obtener una prestación o subsidio por desempleo posterior, conforme a lo establecido en este título.

- Si se solicita la prestación por desempleo de nivel contributivo regulada anteriormente a efectos de determinar el período de ocupación cotizada, se computarán todas las jornadas reales cotizadas en el Sistema Especial Agrario de la Seguridad Social, así como el resto de cotizaciones por desempleo efectuadas en otros regímenes de Seguridad Social, siempre que no hayan sido computados para obtener una prestación o subsidio anterior, y que se hayan efectuado dentro de los seis años anteriores a la situación legal de desempleo o al momento en que cesó la obligación legal de cotizar, siendo de aplicación, en su caso, lo establecido en el párrafo anterior.

4.1.2. Subsidio por desempleo para trabajadores agrarios eventuales

El Real Decreto 5/1997, de 10 de enero, regula el subsidio por desempleo en favor de los trabajadores eventuales incluidos en el Régimen Especial Agrario de la Seguridad Social, estableciéndose a su vez uno especial dentro del propio RD para los mayores de 52 años.

Están comprendidos en el ámbito de aplicación del subsidio por desempleo establecido en el Real Decreto 5/1997, de 10 de enero, los trabajadores por cuenta ajena de carácter eventual incluidos en el Régimen Especial Agrario de la Seguridad Social (REASS), salvo que ellos o su cónyuge sean propietarios, arrendatarios, aparceros o titulares por concepto análogo de explotaciones agropecuarias cuyas rentas de cualquier naturaleza superen, en cómputo anual, la cuantía del SMI establecida para el año en curso, excluidas las pagas extraordinarias.

Se considerarán trabajadores eventuales, a los efectos de poder ser beneficiarios de esta prestación, a quienes, estando inscritos en el censo del Régimen Especial Agrario de la Seguridad Social, sean contratados por tiempo determinado para la realización de labores agrarias en una o varias explotaciones agrarias del mismo o distinto titular.

El sistema del subsidio por desempleo se aplicará en aquellas comunidades autónomas donde:

- El paro estacional de los trabajadores agrarios eventuales sea superior a la media nacional.

- El número de éstos sea proporcionalmente superior al de otras zonas agrarias.

> **A TENER EN CUENTA**. El subsidio por desempleo se aplicará, mientras subsistan las actuales circunstancias de paro, a las Comunidades Autónomas de Andalucía y Extremadura (D.A 1.ª del Real Decreto 5/1997, de 10 de enero).

El derecho al **subsidio por desempleo nacerá** a partir del día siguiente a aquel en que se solicite, salvo en caso de despido declarado procedente, en el que el derecho nacerá cuando hayan transcurrido tres meses desde la solicitud.

Los trabajadores que **no se encuentren al corriente en el pago de la cuota fija por contingencias comunes** al Régimen Especial Agrario de la Seguridad Social en los 12 meses naturales inmediatamente anteriores a la solicitud del subsidio, o, en su caso, por el período inferior en que se haya mantenido el alta, se les denegará el derecho, mientras no acrediten **estar al corriente en el pago de la cuota fija** (antes de concluir el plazo de reclamación previa).

> **A TENER EN CUENTA**. Tal y como exige el art. 3 de la Ley 45/2002, de 12 de diciembre, de medidas urgentes para la reforma del sistema de protección por desempleo y mejora de la ocupabilidad: «Sólo podrán ser beneficiarios del subsidio por desempleo, establecido por el Real Decreto 5/1997, de 10 de enero, en favor de los trabajadores eventuales incluidos en el Régimen especial Agrario de la Seguridad Social, aquellos desempleados que, reuniendo los requisitos exigidos en el citado Real Decreto, hayan sido beneficiarios de dicho subsidio en alguno de los tres años naturales inmediatamente anteriores a la fecha de solicitud del mismo».

Requisitos para el nacimiento del derecho

Serán beneficiarios del subsidio los trabajadores que, encontrándose desempleados y careciendo de rentas de cualquier naturaleza en los términos establecidos anteriormente, reúnan los siguientes requisitos:

- Tener su domicilio en el ámbito geográfico protegido (aunque ocasionalmente se hayan trasladado fuera del mismo para realizar trabajos temporales por cuenta ajena de carácter agrario). Se entenderá que el trabajador tiene su domicilio en el lugar en que se encuentre empadronado, siempre que sea en el que reside de forma efectiva durante un mayor número de días al año. (STSJ de Extremadura n.º 152/2016, de 6 de abril de 2016, ECLI:ES:TSJEXT:2016:532).

- Estar inscritos en el censo del Régimen Especial Agrario de la Seguridad Social, como trabajador por cuenta ajena, en situación de alta, o asimilado a ella.

- Tener cubierto en el Régimen Especial Agrario de la Seguridad Social un mínimo de 35 jornadas reales cotizadas en los 12 meses naturales inmediatamente anteriores a la situación de desempleo. A estos efectos, quedan asimiladas las jornadas trabajadas en faenas agrícolas temporales en el extranjero, siempre que el órgano competente del Ministerio de Trabajo y Asuntos Sociales haya visado el contrato de trabajo y certifique las jornadas realizadas [art. 5.1.a) del Real Decreto 5/1997, de 10 de enero].

- No haber cumplido la edad mínima que se exija para causar derecho a la pensión contributiva de jubilación (salvo que el trabajador no tuviera acreditado el período de cotización necesario para ello).

Del mismo modo, serán beneficiarios del **subsidio especial en favor de los trabajadores mayores de 52 años**, aquellos trabajadores mayores de dicha edad que reúnan todos los requisitos establecidos, excepto el de cotización (tener cubierto en el REASS un mínimo de 35 jornadas reales cotizadas en los 12 meses naturales inmediatamente anteriores a la situación de desempleo), siempre que hayan cotizado al Régimen Especial Agrario de la Seguridad Social como trabajadores por cuenta ajena de carácter eventual y sido perceptores del subsidio ininterrumpidamente durante los últimos 5 años y acrediten que, en el momento de la solicitud, reúnen el período de cotización necesario para el reconocimiento de cualquier tipo de pensión contributiva por jubilación en el sistema de la Seguridad Social.

En este caso, una vez agotado el derecho al subsidio a que hubiere lugar, se reanudará el derecho al mismo cada doce meses, a contar desde el inicio del primer derecho, por la duración correspondiente (art. 5.2 del Real Decreto 5/1997, de 10 de enero), sin necesidad de que se cumpla el requisito de cotización previsto, hasta que el trabajador alcance la edad para acceder a cualquier tipo de jubilación.

El **requisito de cotización ininterrumpida al REASS, a efectos de subsidio especial para mayores de 52 años,** se considerará cumplido cuando en los meses comprendidos en los 5 años naturales inmediatamente anteriores a la solicitud el trabajador se encuentre en alguna de las siguientes situaciones:

- Cotizando efectivamente al Régimen Especial Agrario de la Seguridad Social como trabajador por cuenta ajena.

- Ejerciendo un cargo público representativo o funciones sindicales de ámbito provincial o superior (siempre que en los 12 meses naturales anteriores al primero que se compute en dichas situaciones hubiera cotizado efectivamente al REASS como trabajador por cuenta ajena).

- Cumpliendo condena que implique privación de libertad, con el mismo requisito establecido anteriormente.

- Cotizando a otro Régimen de la Seguridad Social como consecuencia de la realización ocasional de trabajos no agrarios, o cotizando al REASS como trabajador por cuenta propia, siempre que la duración total de dichas situaciones dentro del período de cinco años considerado no exceda de:

» 24 meses en el caso del Régimen General de la Seguridad Social.

» 12 meses en los restantes casos.

El **requisito de percepción ininterrumpida** se considerará cumplido cuando en cada uno de los 5 años naturales inmediatamente anteriores a la solicitud el trabajador haya estado en una de las siguientes situaciones:

• Percibiendo el subsidio en algún momento del año.

• En situación de incapacidad temporal o maternidad o ejerciendo un cargo público representativo o funciones sindicales de ámbito provincial o superior, en los términos previstos en la legislación laboral, siempre que la duración de dichas situaciones en el año haya sido superior a siete meses y que en al año natural anterior al primero que se compute en dichas situaciones se haya sido perceptor del subsidio agrario o beneficiario del empleo comunitario.

• Cumpliendo condena que implique privación de libertad, con los mismos requisitos establecidos en el párrafo anterior.

• Sin haber percibido el subsidio por superación del límite familiar de acumulación de rentas (art. 3.2 del Real Decreto 5/1997, de 10 de enero), reuniendo los restantes requisitos que habrían posibilitado su reconocimiento.

Como indicábamos, el trabajador deberá **carecer, en el momento de la solicitud y durante la percepción del mismo, de rentas** de cualquier naturaleza que, en cómputo anual, superen la cuantía del SMI vigente, excluidas las pagas extraordinarias, sin embargo, cuando el solicitante conviva con otras personas mayores de 16 años en una misma unidad familiar, únicamente se entenderá cumplido el requisito de carencia de rentas, cuando, además de no poseer rentas propias, la suma de las de todos los integrantes de aquella sea inferior, en cómputo anual, al límite de acumulación de recursos siguiente:

2 miembros mayores de 16 años	2 veces el SMI
3 miembros mayores de 16 años	2,75 veces el SMI
4 miembros mayores de 16 años	3,5 veces el SMI
5 o más miembros mayores de 16 años	4 veces el SMI

Cuando el solicitante sea padre o madre de hijos menores de dieciséis años y conviva con ellos el límite de acumulación de recursos que le corresponda, conforme a lo ya establecido, se elevará incrementando en un 0,10 el coeficiente multiplicador del salario mínimo interprofesional por cada hijo hasta un máximo de 0,30 en el supuesto de tres o más hijos.

A estos efectos se entenderán integrados en la unidad familiar de convivencia al solicitante, su cónyuge y los ascendientes y descendientes y demás parientes por consanguinidad o afinidad hasta el segundo grado inclusive o, en su caso, por adopción, que convivan con él.

Reducción del número mínimo de jornadas reales cotizadas para acceder al subsidio por desempleo o a la renta agraria a favor de trabajadores eventuales agrarios residentes en el territorio de las Comunidades Autónomas de Andalucía y Extremadura

Distinta normativa ha adoptado medidas excepcionales y urgentes en materia de empleo para evitar situaciones de desprotección de los trabajadores como consecuencia de la disminución de la necesidad de mano de obra en zonas afectadas por la sequía o inundaciones que reconocían la reducción del número mínimo de jornadas realizadas para acceder a las prestaciones analizadas (Reales Decretos-leyes 10/2005, de 20 de junio; 2/2010, de 19 de marzo; 1/2013, de 25 de enero; 1/2015, de 27 de febrero; 28/2018, de 28 de diciembre; 5/2020, de 25 de febrero, 4/2022, de 15 de marzo, 18/2022, de 18 de octubre, y, 4/2023, de 11 de mayo). Se trata de una medida frecuente cuya última regulación se ha realizado por la D.A. 5.º del Real Decreto-ley 2/2024, de 21 de mayo, por el periodo desde el 23 de mayo de 2024 hasta el 30 de junio de 2025.

> «Los trabajadores agrarios por cuenta ajena de carácter eventual que, en la fecha de entrada en vigor de este real decreto-ley, estén incluidos en el Sistema Especial para Trabajadores por Cuenta Ajena Agrarios, establecido en el Régimen General de la Seguridad Social y, en dicha fecha, residan en el territorio de las Comunidades Autónomas de Andalucía y Extremadura, podrán ser beneficiarios del subsidio por desempleo que regula el Real Decreto 5/1997, de 10 de enero, por el que se regula el subsidio por desempleo en favor de los trabajadores eventuales incluidos en el Régimen Especial Agrario de la Seguridad Social, o de la renta agraria, establecida por el Real Decreto 426/2003, de 11 de abril, por el que se regula la renta agraria para los trabajadores eventuales incluidos en el Régimen Especial Agrario de la Seguridad Social residentes en las Comunidades Autónomas de Andalucía y Extremadura, aun cuando no tengan cubierto en el citado Sistema de la Seguridad Social el número mínimo de jornadas reales cotizadas establecido, respectivamente, en el artículo 2.1.c) del primero o en el artículo 2.1.d) del segundo de los reales decretos citados, siempre que tengan cubierto en dicho Sistema Especial un mínimo de diez jornadas reales cotizadas en los doce meses naturales inmediatamente anteriores a la situación de desempleo, y reúnan el resto de los requisitos exigidos en la normativa aplicable, de conformidad con el artículo 288 del texto refundido de la Ley General de la Seguridad Social, aprobado por el Real Decreto Legislativo 8/2015, de 30 de octubre, y con lo establecido en los citados reales decretos».

A TENER EN CUENTA. Por el periodo desde el 23 de mayo de 2024 hasta el 30 de junio de 2025 se considerará acreditado un número de 35 jornadas reales cotizadas para el acceso al subsidio por desempleo con diez jornadas reales cotizadas en los doce meses naturales inmediatamente anteriores a la situación de desempleo (D.A. 5.º del Real Decreto-ley 2/2024, de 21 de mayo).

Cuantía del subsidio y duración

La cuantía del subsidio por desempleo será igual al 75 por 100 del SMI vigente en cada momento para los trabajadores no eventuales, excluida la parte proporcional de dos pagas extraordinarias.

La duración del subsidio por desempleo se determinará de conformidad con lo siguiente:

- En el caso de los trabajadores menores de 25 años que no tengan responsabilidades familiares la duración del subsidio será de 3,43 días de subsidio por cada día cotizado, computándose las fracciones que igualen o superen 0,50 como un día más de derecho, con un máximo de 180 días de subsidio.

- En el caso de trabajadores mayores de 25 años o menores de dicha edad que tengan responsabilidades familiares la duración del subsidio será la siguiente:
  - » Trabajadores menores de 52 años: 180 días.
  - » Trabajadores mayores de 52 años y menores de 60 años: 300 días.
  - » Trabajadores mayores de 60 años: 300 sesenta días.

- En el caso de los trabajadores mayores de 52 años que accedan al subsidio especial, la duración del subsidio será de 360 días.

- En el caso de los trabajadores mayores de 52 años no incluidos en el subsidio especial pero que reúnan cada año todos los requisitos previstos en el artículo 2.1 del Real Decreto 5/1997, de 10 de enero y que, además, reúnan el período de cotización necesario para el reconocimiento de la pensión contributiva por jubilación como trabajador por cuenta ajena en el Régimen Especial Agrario de la Seguridad Social, la duración del subsidio será también de 360 días.

Para la aplicación de lo dispuesto anteriormente, las responsabilidades familiares y la edad del trabajador serán las existentes en la fecha de la solicitud, no variándose durante doce meses la duración del subsidio reconocido por la modificación de dichas circunstancias.

Suspensión, reanudación y extinción del derecho

El derecho al subsidio se suspenderá por las causas previstas en el art. 271 de la LGSS y por los siguientes supuestos:

- Mientras el titular del derecho realice un trabajo por tiempo limitado de duración superior a doce meses en actividades por cuenta propia o ajena sujetas al Régimen Especial Agrario de la Seguridad Social.

- Durante el tiempo en que el titular del derecho se traslade a zonas en las que no se aplique este sistema de protección, siempre que el traslado no implique cambio de su domicilio. En este supuesto, la acreditación de la finalización de la causa de suspensión se realizará mediante la comparecencia del trabajador en la Oficina de Empleo, reanudándose la prestación, de forma automática, a partir de dicho momento.

- Por la imposición de las sanciones de pérdida del subsidio durante un mes (art. 47 de la LISOS).

La suspensión del derecho supondrá la interrupción del abono y no afectará al período de percepción tras su reanudación, salvo en el supuesto de imposición de sanciones, en el que los días de percepción se reducirán por tiempo igual al de la suspensión.

El derecho al subsidio se extinguirá por las causas previstas en el art. 272 de la LGSS, así como en los siguientes supuestos:

- Cuando se cumpla un año desde su nacimiento, salvo que el trabajador se incorpore al servicio militar o a la prestación social sustitutoria del mismo, en cuyo caso se suspenderá el derecho.

- Por la realización de un trabajo de duración igual o superior a doce meses, por cuenta propia o ajena, salvo que se trate de actividades sujetas al Régimen Especial Agrario de la Seguridad Social a que se refiere el art. 8.1 a) del Real Decreto 5/1997, de 10 de enero, en cuyo caso se suspenderá el derecho.

- Por cumplimiento de la edad mínima que se exija para causar derecho a la pensión contributiva de jubilación, salvo que el trabajador no tuviera acreditado el período de cotización requerido para ello.

- Por la obtención de rentas incompatibles con el subsidio o la superación del límite familiar de acumulación de rentas.

- Por pasar a ser perceptor de prestaciones de pago periódico de la Seguridad Social, en los términos previstos en el art. 11.5 e) del Real Decreto 5/1997, de 10 de enero, o de cualquier otra prestación por desempleo.

- Por traslado de domicilio del trabajador fuera del ámbito geográfico de aplicación del subsidio.

- Por la pérdida de la condición de trabajador eventual incluido en el Régimen Especial Agrario de la Seguridad Social.

- Por la imposición de la sanción de extinción del subsidio en los términos previstos en el (art. 47 de la LISOS).

A TENER EN CUENTA. Una vez extinguido el derecho al subsidio, el trabajador podrá obtener de nuevo su reconocimiento cuando vuelva a encontrarse en situación de desempleo, reúna los requisitos exigidos al efecto y haya transcurrido un año, al menos, desde el nacimiento del derecho anterior. Para la determinación del número de jornadas reales computables para el nacimiento del derecho se tendrán en cuenta las realizadas a partir del nacimiento del derecho anterior.

Incompatibilidades

El subsidio por desempleo es incompatible:

- Con la realización simultánea de un trabajo por cuenta propia o ajena. (STSJ de Asturias n.º 700/2021, de 30 de marzo de 2021, ECLI:ES:TSJAS:2021:971).

- Con cualquier otra prestación económica por desempleo.
- Con la percepción por el trabajador de rentas de cualquier naturaleza superiores al SMI, excluidas las pagas extraordinarias.
- Con la percepción por la unidad familiar de rentas de cualquier naturaleza que superen el límite de acumulación del SMI.
- Con cualquier prestación de pago periódico de la Seguridad Social que, a su vez, sea incompatible con el trabajo o que, sin serlo, exceda en su cuantía del SMI vigente, excluida la parte proporcional de las pagas extraordinarias.

Según el apdo. 1.h) del art. 299 de la Ley General de Seguridad Social es responsabilidad del trabajador notificar cualquier cambio en su situación que afectara su derecho a percibir subsidios.

> **RESOLUCIÓN RELEVANTE**
>
> **STSJ de Andalucía n.° 612/2024, de 14 de marzo del 2024, ECLI:ES:TSJAND:2024:1503**
>
> Ante una infracción tipificada como falta muy grave en el art. 26.1 de la LISOS con las consecuencias del artículo 47.1.c) y 2 con sanción de extinción de las prestaciones percibidas y obligación a la devolución de las mismas, el TSJ desestimó el recurso de suplicación interpuesto por el tragador, confirmando que el subsidio por desempleo es incompatible con el alta en el régimen de autónomos, y que el demandante había obviado la obligación de solicitar la baja en los subsidios al no reunir los requisitos exigidos.

4.1.3. Renta Agraria

El Real Decreto 426/2003, de 11 de abril, regula, dentro de la acción protectora por desempleo, una prestación económica específica denominada renta agraria, dirigida a los trabajadores eventuales agrarios que se encuentran en situación de desempleo y no puedan ser beneficiarios del subsidio por desempleo establecido por el Real Decreto 5/1997, de 10 de enero.

La protección tiene una duración limitada, puesto que el derecho a la renta agraria podrá reconocerse, como máximo, en seis ocasiones, tiempo suficiente para que los trabajadores adquieran la formación y preparación que les facilite mejores oportunidades de empleo que sean alternativas o complementarias del trabajo agrario no cualificado y de la situación de desempleo continuada.

La renta agraria se aplicará en las Comunidades Autónomas de Andalucía y Extremadura, cuando los solicitantes no puedan ser beneficiarios del subsidio agrícola por desempleo en alguno de los tres años naturales anteriores a la fecha de solicitud.

1. Requisitos para acceder a la renta agraria

Podrán ser beneficiarios de la renta agraria los trabajadores por cuenta ajena de carácter eventual incluidos en el Régimen Especial Agrario de la Seguridad Social, inscritos en el censo de dicho Régimen y contratados por tiempo determinado para la realización de labores agrarias, que se encuentren desempleados y residan en las **comunidades autónomas de Andalucía y Extremadura**, que reúnan los siguientes requisitos:

- Encontrarse desempleados e inscritos como demandantes de empleo en los servicios públicos de empleo.

- Reunir los requisitos recogidos en el art. 2.1, párrafos a), b) y d), del Real Decreto 5/1997, de 10 de enero, y no tener derecho al subsidio previsto en dicho real decreto, por no haber sido beneficiarios de aquel en ninguno de los tres años naturales inmediatamente anteriores a la solicitud:

  » Tener su domicilio en el ámbito geográfico protegido por este subsidio, aunque ocasionalmente se hayan trasladado fuera del mismo para realizar trabajos temporales por cuenta ajena de carácter agrario. Se entenderá que el trabajador tiene su domicilio en el lugar en que se encuentre empadronado, siempre que sea en el que reside de forma efectiva durante un mayor número de días al año.

  » Estar inscritos en el censo del Régimen Especial Agrario de la Seguridad Social, como trabajador por cuenta ajena, en situación de alta, o asimilado a ella.

  » No haber cumplido la edad mínima que se exija para causar derecho a la pensión contributiva de jubilación, salvo que el trabajador no tuviera acreditado el período de cotización requerido para ello.

- Haber residido y estar empadronado un mínimo de 10 años en el ámbito geográfico protegido en el que es de aplicación esta renta.

- Tener cubierto en el Régimen Especial Agrario de la Seguridad Social **en los 12 meses naturales inmediatamente anteriores a la situación de desempleo un mínimo de 35 jornadas reales cotizadas.**

  » A estos efectos, quedan asimiladas las jornadas trabajadas en faenas agrícolas temporales en el extranjero, siempre que el órgano competente del Ministerio de Trabajo y Asuntos Sociales haya visado el contrato de trabajo y certifique las jornadas realizadas.

- Si el desempleado no ha sido perceptor de la renta agraria con anterioridad, se exigirá haber permanecido inscrito en el censo del Régimen Especial Agrario de la Seguridad Social, o en situación asimilada al alta, con carácter ininterrumpido en los 12 meses naturales anteriores a la solicitud. Si el desempleado es mayor de 45 años en el momento de la solicitud, además de este requisito, se exigirá haber permanecido inscrito en el censo del Régimen Especial Agrario de la Seguridad Social, o en situación asimilada al alta, a lo largo de la vida laboral los siguientes períodos cotizados:

Edad	Período
De 45 a 51 años	5 años
De 52 a 59 años	10 años
De 60 o más años	20 años

- Carecer de rentas de cualquier naturaleza que en cómputo anual superen la cuantía del salario mínimo interprofesional, excluidas las pagas extraordinarias.

Cuando el solicitante conviva con otras personas en una misma unidad familiar, únicamente se entenderá cumplido el requisito de carencia de rentas cuando, además de no poseer rentas propias, la suma de la de todos los integrantes de aquella sea inferior en cómputo anual a los límites de acumulación de recursos siguientes (se considerarán rentas las recogidas en el art. 275 de la LGSS).

Miembros de la unidad familiar mayores de 16 años	Límite de rentas
2 miembros	2,00 veces el SMI
3 miembros	2,75 veces el SMI
4 miembros	3,50 veces el SMI
5 o más miembros	4,00 veces el SMI

Para la aplicación del límite familiar de acumulación de recursos se considerará el salario mínimo interprofesional, excluidas las pagas extraordinarias. A estos efectos, se entenderán integrados en la unidad familiar al solicitante, su cónyuge y/o hijos o acogidos menores de 26 años o mayores incapacitados que convivan con él.

No se incluirán en el cómputo de las rentas del solicitante o beneficiario, ni de su unidad familiar, las obtenidas por el trabajo agrario como trabajador por cuenta ajena de carácter eventual.

Completando lo anterior, la norma destaca:

- Los requisitos deberán reunirse en la fecha de solicitud de la renta agraria y mantenerse mientras se tenga el derecho a la renta.

- Las jornadas reales que hayan sido computadas para obtener el derecho a la renta agraria, cualquiera que sea su número, no podrán computarse para obtener otro derecho a la renta agraria ni para obtener otras prestaciones, subsidios o rentas de protección por desempleo. No obstante, las jornadas que superen las 35 exigidas para obtener la renta agraria podrán computarse para obtener prestaciones por desempleo de nivel contributivo para los trabajadores eventuales del Régimen Especial Agrario de la Seguridad Social.

- Las jornadas reales que hayan sido computadas para obtener prestaciones por desempleo de nivel contributivo para los trabajadores eventuales del Régimen Especial Agrario de la Seguridad Social o para obtener otras prestaciones, subsidios o rentas de protección por desempleo no podrán computarse para obtener la renta agraria.

JURISPRUDENCIA

STS n.º 328/2024, de 22 de febrero del 2024, ECLI:ES:TS:2024:1179

Cónyuge perceptor de rentas superiores al salario mínimo interprofesional (SMI), en su condición de propietario, arrendatario, aparcero o titular por concepto análogo de explotaciones agropecuarias. No procede reconocer la renta agraria reclamada.

CUESTIÓN

¿Qué se consideran rentas a efectos de lucrar la renta agraria?

En relación con la regulación de la renta agraria, a los efectos de las rentas, el art. 2.1 f) del RD remite al art. 275.4 de la LGSS.

El art. 275.4 de la LGSS indica que «(...) se considerarán como rentas o ingresos computables cualesquiera (...) rendimientos derivados (...) de las actividades económicas (...)» y añade «Las rentas se computarán por su rendimiento íntegro o bruto. El rendimiento que procede de las actividades empresariales, profesionales, agrícolas, ganaderas o artísticas, se computará por la diferencia entre los ingresos y los gastos necesarios para su obtención».

2. Cuantía de la renta agraria

La cuantía de la renta agraria se fija según el número de jornadas reales trabajadas que se acrediten para obtener el derecho a la renta:

Número de jornadas reales	Porcentaje sobre el IPREM
Desde 35 hasta 64	75 %
Desde 65 hasta 94	80 %
Desde 95 hasta 124	85 %
Desde 125 hasta 154	90 %
Desde 155 hasta 179	95 %
Desde 180	100 %

Reducción del número mínimo de jornadas reales cotizadas y cómputo especial de cotizaciones

a) Reducción del número mínimo de jornadas reales cotizadas (D.A. 5.º del Real Decreto-ley 2/2024, de 21 de mayo)

Distinta normativa ha adoptado medidas excepcionales y urgentes en materia de empleo para evitar situaciones de desprotección de los trabajadores como consecuencia de la disminución de la necesidad de mano de obra en zonas afectadas por la sequía o inundaciones que reconocían la reducción del número mínimo de jornadas realizadas para acceder a las prestaciones analizadas (Reales Decretos-leyes 10/2005, de 20 de junio; 2/2010, de 19 de marzo; 1/2013, de 25 de enero; 1/2015, de 27 de febrero; 28/2018, de 28 de diciembre; 5/2020, de 25 de febrero, 4/2022, de 15 de marzo, 18/2022, de 18 de octubre, y, 4/2023, de 11 de mayo). Se trata de una medida frecuente cuya última regulación se ha realizado por la **D.A. 5.º del Real Decreto-ley 2/2024, de 21 de mayo, por el periodo desde el 23 de mayo de 2024 hasta el 30 de junio de 2025.**

> «Los trabajadores agrarios por cuenta ajena de carácter eventual que, en la fecha de entrada en vigor de este real decreto-ley, estén incluidos en el Sistema Especial para Trabajadores por Cuenta Ajena Agrarios, establecido en el Régimen General de la Seguridad Social y, en dicha fecha, residan en el territorio de las Comunidades Autónomas de Andalucía y Extremadura, podrán ser beneficiarios del subsidio por desempleo que regula el Real Decreto 5/1997, de 10 de enero, por el que se regula el subsidio por desempleo en favor de los trabajadores eventuales incluidos en el Régimen Especial Agrario de la Seguridad Social, o de la renta agraria, establecida por el Real Decreto 426/2003, de 11 de abril, por el que se regula la renta agraria para los trabajadores eventuales incluidos en el Régimen Especial Agrario de la Seguridad Social residentes en las Comunidades Autónomas de Andalucía y Extremadura, aun cuando no tengan cubierto en el citado Sistema de la Seguridad Social el número mínimo de jornadas reales cotizadas establecido, respectivamente, en el artículo 2.1.c) del primero o en el artículo 2.1.d) del segundo de los reales decretos citados, **siempre que tengan cubierto en dicho Sistema Especial un mínimo de diez jornadas reales cotizadas en los doce meses naturales inmediatamente anteriores a la situación de desempleo, y reúnan el resto de los requisitos exigidos en la normativa aplicable,** de conformidad con el artículo 288 del texto refundido de la Ley General de la Seguridad Social, aprobado por el Real Decreto Legislativo 8/2015, de 30 de octubre, y con lo establecido en los citados reales decretos».

> **A TENER EN CUENTA.** Por el periodo desde el 23 de mayo de 2024 hasta el 30 de junio de 2025 se considerará acreditado un número de 35 jornadas reales cotizadas para el acceso a la renta agraria con diez jornadas reales cotizadas en los doce meses naturales inmediatamente anteriores a la situación de desempleo (D.A. 5.º del Real Decreto-ley 2/2024, de 21 de mayo).

b) Cómputo especial de cotizaciones (D.F. 9.ª del Real Decreto-ley 2/2024, de 21 de mayo y D.A. 6.º del Real Decreto 426/2003, de 11 de abril)

Para completar el número de treinta y cinco jornadas reales cotizadas, establecido en el art. 2.1.d) del Real Decreto 426/2003, de 11 de abril, podrán computarse, en el caso de los trabajadores mayores de treinta y cinco años, o menores de dicha edad si tienen responsabilidades familiares, las cotizaciones efectuadas al Régimen General de la Seguridad Social durante los doce meses inmediatamente anteriores a la situación de desempleo con ocasión del trabajo prestado en obras afectadas al acuerdo para el empleo y la protección social agrarios, siempre que se hayan cotizado, al menos, veinte jornadas reales al Sistema Especial de Trabajadores por Cuenta Ajena Agrarios, si se ha sido perceptor de la renta agraria en el año inmediatamente anterior o siempre que se hayan cotizado, al menos, treinta jornadas reales al Sistema Especial para Trabajadores por Cuenta Ajena Agrarios, si no se ha sido perceptor de la renta agraria en el año inmediatamente anterior.

| 3. Duración

La duración de percepción de la renta agraria se determinará de conformidad con las siguientes reglas:

- En el caso de trabajadores menores de 25 años que no tengan responsabilidades familiares, la duración de la renta será de 3,43 días de derecho por cada jornada real cotizada, con una duración máxima de 180 días.

- En el caso de trabajadores menores de 25 años que tengan responsabilidades familiares, la duración será de 180 días.

- En el caso de trabajadores mayores de 25 años y menores de 52 años, la duración será de 180 días, y, en el caso de trabajadores mayores de 52 años, la duración será de 300 días.

Para fijar la duración de percepción de la renta agraria se entenderá por responsabilidades familiares, tener a cargo al cónyuge y/o hijos, o menores acogidos, con los que conviva, cuando las rentas de la unidad familiar así constituida, incluido el solicitante, divididas por el número de miembros que la componen, no supere el 75 por 100 del Salario Mínimo Interprofesional, excluida la parte proporcional de dos pagas extraordinarias. (STS n.º 315/2019, de 11 de abril de 2019, ECLI:ES:TS:2019:1472).

4. Compromiso de actividad

Los trabajadores en la fecha de solicitud del subsidio deberán suscribir un compromiso de actividad en los términos a que se refiere el art. 300 de la LGSS. Así mismo, para obtener y mantener la percepción de la renta agraria, deberán cumplir las obligaciones que implique el compromiso de actividad, y aquellas que se concretan en el plan personal de inserción laboral.

5. Nacimiento, suspensión, reanudación y extinción

Para obtener el derecho a la renta agraria los trabajadores deberán solicitarlo, suscribir el compromiso de actividad en la fecha de la solicitud y reunir y acreditar los requisitos exigidos.

El derecho a la renta agraria nacerá a partir del día siguiente a aquel en que se solicite, sin perjuicio de que el devengo de la cuantía se inicie conforme a lo establecido en el art. 11.1 del Real Decreto 426/2003, de 11 de abril.

La suspensión y extinción del derecho supone la interrupción del abono al trabajador de las prestaciones económicas, y las causas que la motivan son las establecidas para los subsidios por desempleo [art. 271-272 de la LGSS, 8.1.b) y 9.f) y g) del Real Decreto 5/1997, de 10 de enero].

El reconocimiento de la solicitud de reanudación del derecho a la renta agraria llevará aparejado, en caso necesario, la inclusión del trabajador en el Régimen Especial Agrario de la Seguridad Social, a propuesta del SPEE, y el derecho a la reanudación nacerá a partir del día siguiente a aquel en que se solicite.

6. Compatibilidad/Incompatibilidad

La renta agraria será incompatible:

* Con la realización simultánea de un trabajo por cuenta propia o ajena.
* Con la obtención de rentas de cualquier naturaleza que supere el SMI.
* Con la percepción de otras prestaciones o subsidios por desempleo o renta activa de inserción. (SJS - Cuenca, rec. 228/2024, de 19 de noviembre, ECLI:ES:JSO:2024:2316).
* Con las pensiones o prestaciones de carácter económico de la Seguridad Social que sean incompatibles con el trabajo, o que, sin serlo, excedan en su cuantía del SMI.
* Con la condición, del trabajador o de su cónyuge, de propietario, arrendatario, aparcero o titular por concepto análogo de explotaciones agropecuarias cuyas rentas superen el SMI.

Desde el 23/05/2024, las modificaciones realizadas por el Real Decreto-ley 2/2024, de 21 de mayo, suponen la aplicación a todos los subsidios del régimen de compatibilidad general con el trabajo por cuenta ajena mediante el complemento de apoyo al empleo. No obstante, el art. 9.2 del Real Decreto 426/2003, de 11 de abril, no ha sido modificado y sigue referenciando esta posibilidad al subsidio de mayores de 52 años.

> **CUESTIÓN**
>
> **En virtud de la derogada D.T. 5.ª 8 de la Ley 45/2002, de 12 de diciembre, era posible compatibilizar la renta agraria con el trabajo por cuenta ajena para los trabajadores mayores de 52 años, ¿qué sucede con los prestacionistas en esta situación?**
>
> En virtud del art. 9.2 del Real Decreto 426/2003, de 11 de abril, es posible compatibilizar voluntariamente la renta agraria con el trabajo por cuenta ajena los trabajadores mayores de 52 años, beneficiarios de dicha renta, en los mismos términos regulados en el apartado 8 de la disposición transitoria quinta de la Ley 45/2002, de 12 de diciembre, de medidas urgentes para la reforma del sistema de protección por desempleo y mejora de la ocupabilidad (actualmente derogado).
>
> Ha sido una situación prevista por la D.T. 5.ª del Real Decreto-ley 2/2024, de 21 de mayo: el régimen de compatibilidad previsto para los subsidios por desempleo establecido por la Ley 45/2002, de 12 de diciembre, seguirá rigiéndose por lo previsto en la citada disposición transitoria y por la normativa vigente en la fecha de reconocimiento del subsidio, hasta que se produzca la finalización de la relación laboral, o en su caso, la extinción del subsidio.

4.2. Protecciones por cese de actividad de los trabajadores por cuenta propia

Hasta la entrada en vigor del Real Decreto 1541/2011, de 31 de octubre, los autónomos agrarios no tenían derecho al cese de actividad, aunque cotizasen por contingencias profesionales. La D.A 5.ª del mencionado real decreto abría la puerta a que los trabajadores incluidos en el Sistema Especial para trabajadores por cuenta propia agrarios, que reunieron unos determinados requisitos, pudieran acceder a la prestación por cese de actividad.

Actualmente el cese de actividad se regula en la LGSS y los trabajadores autónomos agrarios pueden acceder a la prestación con **ciertas peculiaridades.**

De manera general podemos definir el cese de actividad como una prestación de desempleo a la que tienen derecho los trabajadores por cuenta propia o autónomos cuando cesan su actividad por alguna de las siguientes causas [art. 331 de la LGSS]:

- Por la concurrencia de motivos económicos, técnicos, productivos u organizativos determinantes de la inviabilidad de proseguir la actividad económica o profesional.

- Por fuerza mayor, determinante del cese temporal o definitivo de la actividad económica o profesional.

- Por pérdida de la licencia administrativa, siempre que la misma constituya un requisito para el ejercicio de la actividad económica o profesional y no venga motivada por la comisión de infracciones penales.

- La violencia de género o la violencia sexual determinante del cese temporal o definitivo de la actividad de la trabajadora autónoma.

- Por divorcio o separación matrimonial, mediante resolución judicial, en los supuestos en que el autónomo ejerciera funciones de ayuda familiar en el negocio de su excónyuge o de la persona de la que se ha separado, en función de las cuales estaba incluido en el correspondiente Régimen de la Seguridad Social.

Como peculiaridad propia del trabajador por cuenta propia agrario, el apartado 3 de la D.A. 5.ª del Real Decreto 1541/2011, de 31 de octubre, considera situación legal de cese de actividad cuando los trabajadores cesen temporalmente en el ejercicio de su actividad, exclusivamente en los siguientes supuestos:

- Cuando por causa de fuerza mayor se realice un cambio de cultivo o de actividad ganadera, durante el periodo necesario para el desarrollo de ciclo normal de evolución del nuevo cultivo o ganadería.

- Cuando por causa de fuerza mayor se produzca daño en las explotaciones agrarias o ganaderas, durante el tiempo imprescindible para la recuperación de las mismas.

- Durante el periodo de erradicación de las enfermedades en explotaciones ganaderas.

Las situaciones legales de cese de actividad se acreditarán mediante declaración jurada del solicitante, en la que se consignará el motivo o motivos concurrentes y la fecha de efectos del cese, a la que acompañará los documentos justificativos de las situaciones anteriores.

En ningún caso se considerará en situación legal de cese de actividad:

- A aquellos que cesen o interrumpan voluntariamente su actividad, salvo en el supuesto previsto en el apdo. 1.b) del art. 333 de la LGSS.

- A los trabajadores autónomos económicamente dependientes (art. 333 de la LGSS) que tras cesar su relación con el cliente y percibir la prestación por cese de actividad, vuelvan a contratar con el mismo cliente en el plazo de un año, a contar desde el momento en que se extinguió la prestación, en cuyo caso deberán reintegrar la prestación recibida.

Todo lo anterior tendrá que verse completado por el art. 330 de la LGSS que establece que el derecho a la protección por cese de actividad se reconocerá a los trabajadores por cuenta propia en los que concurran los requisitos siguientes:

- Estar a la fecha del cese de actividad afiliados, en situación de alta y cubiertas las contingencias profesionales y la de cese de actividad, en el Régimen Especial de los Trabajadores por Cuenta Propia o Autónomos.

- Tener cubierto el período mínimo de cotización por cese de actividad a que se refiere el artículo 338 de la LGSS.

- Encontrarse en situación legal de cese de actividad, suscribir el compromiso de actividad (art. 300 de la LGSS) y acreditar activa disponibilidad para la reincorporación al mercado de trabajo a través de las actividades formativas, de orientación profesional y de promoción de la actividad emprendedora a las que pueda convocarse el servicio público de empleo de la correspondiente comunidad autónoma. No será necesario suscribir el compromiso de actividad cuando el cese venga determinado por la causa prevista en los epígrafes 4.º y 5.º del art. 331.1.a) de la LGSS, ni cuando el cese de actividad sea temporal debido a fuerza mayor.

- En el supuesto de cese definitivo, no haber cumplido la edad ordinaria para causar derecho a la pensión contributiva de jubilación, salvo que el trabajador autónomo no tuviera acreditado el período de cotización requerido para ello.

- Hallarse al corriente en el pago de las cuotas a la Seguridad Social. No obstante, si en la fecha de cese de actividad no se cumpliera este requisito, el órgano gestor invita al pago al trabajador autónomo para que en el plazo improrrogable de treinta días naturales ingrese las cuotas debidas. La regularización del descubierto producirá plenos efectos para la adquisición del derecho a la protección.

- En los casos establecidos en el art. 331.1.a).4.º y 5.º de la LGSS, la persona trabajadora autónoma no podrá ejercer otra actividad salvo lo previsto en los supuestos de pluriactividad del apartado 3 del art. 342 de la LGSS.

Duración de la prestación por cese de actividad

La duración de la prestación por cese de actividad estará en función de los períodos de cotización efectuados dentro de los cuarenta y ocho meses anteriores a la situación legal de cese de actividad de los que, al menos, doce meses deben estar comprendidos en los veinticuatro meses inmediatamente anteriores a dicha situación de cese con arreglo a la escala establecida en el art. 338 de la LGSS.

A efectos de determinar los períodos de cotización:

- Se tendrán en cuenta exclusivamente las cotizaciones por cese de actividad efectuadas al régimen especial correspondiente.

- Se tendrán en cuenta las cotizaciones por cese de actividad que no hubieren sido computadas para el reconocimiento de un derecho anterior de la misma naturaleza.

- Los meses cotizados se computarán como meses completos.

- Las cotizaciones que generaron la última prestación por cese de actividad no podrán computarse para el reconocimiento de un derecho posterior.

Cuantía de la prestación por cese de actividad

La base reguladora de la prestación económica por cese de actividad será el promedio de las bases por las que se hubiere cotizado durante los doce meses continuados e inmediatamente anteriores a la situación legal de cese (art. 339 de la LGSS).

La cuantía de la prestación, durante todo su período de disfrute, se determinará aplicando a la base reguladora el 70 por ciento [salvo en los supuestos previstos en los epígrafes 4.º y 5.º del artículo 331.1.a) de la LGSS y en los supuestos de suspensión temporal parcial debidas a fuerza mayor, donde la cuantía de la prestación será del 50 por ciento]:

- La cuantía máxima será del 175 por ciento del indicador público de rentas de efectos múltiples, salvo cuando el trabajador autónomo tenga uno o más hijos a su cargo, en cuyo caso la cuantía será, respectivamente, del 200 por ciento o del 225 por ciento de dicho indicador.

- La cuantía mínima de la prestación por cese de actividad será del 107 por ciento o del 80 por ciento del indicador público de rentas de efectos múltiples, según el trabajador autónomo tenga hijos a su cargo, o no.

Solicitud, suspensión y extinción de la prestación

Los trabajadores autónomos que cumplan los requisitos establecidos en el art. 330 de la LGSS deberán solicitar a la mutua colaboradora con la Seguridad Social a la que se encuentren adheridos o a la entidad gestora con la que tengan cubierta la protección dispensada por contingencias derivadas de accidentes de trabajo y enfermedades profesionales, el reconocimiento del derecho a la protección por cese de actividad.

El derecho al percibo de la correspondiente prestación económica nacerá, con carácter general, el día siguiente a aquel en que tenga efectos la baja en el régimen especial al que estuvieran adscritos. No obstante, existen supuestos especiales contemplados en el art. 337 de la LGSS.

El derecho a la protección por cese de actividad se suspenderá en los supuestos reflejados en el art. 340 de la LGSS, y se extinguirá en los casos reflejados en el art. 341 de la LGSS.

Compatibilidades e incompatibilidades

La percepción de la prestación económica por cese de actividad es incompatible con (art. 342 de la LGSS):

- El trabajo por cuenta propia, aunque su realización no implique la inclusión obligatoria en el RETA, así como con el trabajo por cuenta ajena [salvo que la percepción de prestación por cese de actividad venga determina por lo dispuesto en los epígrafes 4.º y 5.º del art. 331.1.a) de la LGSS, o por cese temporal parcial de la actividad derivado de fuerza mayor, que serán compatibles con la actividad que cause el cese, siempre que los rendimientos netos mensuales obtenidos durante la percepción de la prestación no sean superiores a la cuantía del salario mínimo interprofesional o al importe de la base por la que viniera cotizando, si esta fuera inferior].

- Con la obtención de pensiones o prestaciones de carácter económico del sistema de la Seguridad Social, salvo que estas hubieran sido compatibles con el trabajo que dio lugar a la prestación por cese de actividad, así como con las medidas de fomento del cese de actividad reguladas por normativa sectorial para diferentes colectivos, o las que pudieran regularse en el futuro con carácter estatal.

La percepción de la prestación económica por cese de actividad es compatible con:

- Los trabajos agrarios sin finalidad comercial en las superficies dedicadas a huertos familiares para el autoconsumo.

- Los trabajos dirigidos al mantenimiento en buenas condiciones agrarias y medioambientales previsto en la normativa de la Unión Europa para las tierras agrarias.

- En los supuestos en los que el trabajador autónomo se encuentre en situación de pluriactividad en el momento del hecho causante de la prestación por cese de actividad, con la percepción de la remuneración por el trabajo por cuenta ajena que se venía desarrollando, siempre y cuando de la suma de la retribución mensual media de los últimos cuatro meses inmediatamente anteriores al nacimiento del derecho y la prestación por cese de actividad, resulte una cantidad media mensual inferior al importe del salario mínimo interprofesional vigente en el momento del nacimiento del derecho.

ANEXO.
FORMULARIOS

Formulario de reclamación previa al SPEE ante denegación de la prestación por desempleo en la modalidad de renta agraria

Será requisito necesario para formular demanda en materia de prestaciones de seguridad social que los interesados interpongan reclamación previa ante la entidad gestora de las mismas (art. 73 de la LRJS).

El presente formulario permite la reclamación ante el Servicio Público de Empleo Estatal tras denegación de la prestación por desempleo en la modalidad de renta agraria (art. 288 de la LGSS y Real Decreto 426/2003, de 11 de abril).

AL SERVICIO PÚBLICO DE EMPLEO ESTATAL

Director Provincial de [PROVINCIA]

D./D.ª [NOMBRE_CLIENTE], mayor de edad, con DNI n.º [DNI], n.º de afiliación a Seguridad Social [NÚM SEG SOCIAL TRABAJADOR] y domicilio a efectos de notificaciones en la calle [DIRECCIÓN CLIENTE], de [PROVINCIA], ante la Dirección Provincial de Prestaciones de [PROVINCIA] comparezco y, como mejor en derecho,

DICE

Que en fecha [DÍA] de [MES] de [AÑO] me ha sido notificada la resolución dictada en fecha [DÍA] de [MES] de [AÑO], por el SEPE al que me dirijo, expediente n.º [NÚMERO], en relación a la **SOLICITUD DE PRESTACIÓN DE RENTA AGRARIA PARA TRABAJADORES EVENTUALES AGRARIOS** en [COMUNIDAD AUTÓNOMA], que he registrado en fecha de [DÍA] de [MES] de [AÑO], por medio de la cual se me deniega el subsidio peticionado. (Se adjunta copia de esta resolución como documento n.º 1).

Entendiendo que dicha resolución es contraria a los derechos que legalmente me corresponden, mediante el presente escrito, y dentro del plazo establecido, formuló **RECLAMACIÓN PREVIA** a la vía judicial. Y ello en base a los siguientes,

MOTIVOS (1)

PRIMERO.- A consecuencia de que he sido trabajador eventual desde [FECHA DE CONTRATO] hasta [FECHA FINALIZACIÓN DE CONTRATO] y he finalizado la relación laboral, he acudido a la delegación provincial a la que me dirijo para que se me conceda la renta agraria regulada por el Real Decreto 426/2003, de 11 de abril, por el que se regula la renta agraria para los trabajadores eventuales incluidos en el Régimen Especial Agrario de la Seguridad Social residentes en las Comunidades Autónomas de Andalucía y Extremadura, dictándole resolución denegatoria de la misma.

SEGUNDO.- En la resolución de denegación de la prestación de la renta agraria se indica que [ESPECIFICAR MOTIVOS POR LOS QUE SE DENIEGA LA RECLAMACIÓN]. (2)

TERCERO.- En virtud del art. 2 del Real Decreto 426/2003, de 11 de abril, cumplo con todos los requisitos establecidos en el mismo para ser beneficiario de la renta agraria (Adjunto como doc. 2 la documentación correspondiente). (3)

«a) Encontrarse desempleados e inscritos como demandantes de empleo en los servicios públicos de empleo.

b) Reunir los requisitos recogidos en el artículo 2.1, párrafos a), b), d) y e), del Real Decreto 5/1997, de 10 de enero, por el que se regula el subsidio por desempleo en favor de los trabajadores eventuales incluidos en el Régimen

Especial Agrario de la Seguridad Social, y no tener derecho al subsidio previsto en dicho real decreto, por no haber sido beneficiarios de aquél en ninguno de los tres años naturales inmediatamente anteriores a la solicitud.

c) Haber residido y estar empadronado un mínimo de 10 años en el ámbito geográfico protegido en el que es de aplicación esta renta.

d) Tener cubierto en el Régimen Especial Agrario de la Seguridad Social en los 12 meses naturales inmediatamente anteriores a la situación de desempleo un mínimo de 35 jornadas reales cotizadas.

A estos efectos, quedan asimiladas las jornadas trabajadas en faenas agrícolas temporales en el extranjero, siempre que el órgano competente del Ministerio de Trabajo y Asuntos Sociales haya visado el contrato de trabajo y certifique las jornadas realizadas.

e) Si el desempleado no ha sido perceptor de la renta agraria con anterioridad, se exigirá haber permanecido inscrito en el censo del Régimen Especial Agrario de la Seguridad Social, o en situación asimilada al alta, con carácter ininterrumpido en los 12 meses naturales anteriores a la solicitud.

Si el desempleado es mayor de 45 años en el momento de la solicitud, además del requisito previsto en el párrafo anterior, se exigirá haber permanecido inscrito en el censo del Régimen Especial Agrario de la Seguridad Social, o en situación asimilada al alta, a lo largo de la vida laboral los siguientes períodos cotizados:

Edad	Período
De 45 a 51 años	5 años
De 52 a 59 años	10 años
De 60 o más años	20 años

f) Carecer de rentas de cualquier naturaleza que en cómputo anual superen la cuantía del salario mínimo interprofesional, excluidas las pagas extraordinarias.

Cuando el solicitante conviva con otras personas en una misma unidad familiar, únicamente se entenderá cumplido el requisito de carencia de rentas cuando, además de no poseer rentas propias, la suma de la de todos los integrantes de aquélla sea inferior en cómputo anual a los límites de acumulación de recursos siguientes:

1.º Dos veces la cuantía del salario mínimo interprofesional en el caso de familias de dos miembros.

2.º Dos con setenta y cinco veces la cuantía del salario mínimo interprofesional en el caso de familias de tres miembros.

3.º Tres con cinco veces la cuantía del salario mínimo interprofesional en el caso de familias de cuatro miembros.

4.º Cuatro veces la cuantía del salario mínimo interprofesional en el caso de familias de cinco o más miembros.

Para la aplicación del límite familiar de acumulación de recursos se considerará el salario mínimo interprofesional, excluidas las pagas extraordinarias.

A efectos de lo dispuesto en este párrafo f), se entenderán integrados en la unidad familiar al solicitante, su cónyuge y/o hijos o acogidos menores de 26 años o mayores incapacitados que convivan con él.

Se considerarán rentas las recogidas en el artículo 215.3.2 del texto refundido de la Ley General de la Seguridad Social.

No se incluirán en el cómputo de las rentas del solicitante o beneficiario, ni de su unidad familiar, las obtenidas por el trabajo agrario como trabajador por cuenta ajena de carácter eventual».

A los motivos anteriores, le siguen los siguientes

FUNDAMENTOS JURÍDICOS

PRIMERO.- COMPETENCIA

Es el órgano al que me dirijo competente para conocer de la reclamación previa por la denegación de la prestación de renta agraria en virtud del art. 303.1 de la LGSS.

SEGUNDO.- CAPACIDAD Y LEGITIMACIÓN

En virtud del art. 303.3 de la LGSS en relación con el art. 71 de la LRJS soy interesado en el procedimiento.

TERCERO.- REPRESENTACIÓN

[EN EL CASO DE QUE EL TRABAJADOR VA A SER REPRESENTADO POR ABOGADO O GRADUADO SOCIAL].

CUARTO.- FONDO DEL ASUNTO

[ESPECIFICAR]. (4)

Por todo ello,

SOLICITO:

Que teniendo por presentado este escrito dentro de los plazos legales junto con sus copias, y documentación que se acompaña, sea admitido, y en su virtud, se tenga por interpuesta reclamación previa contra la resolución del SPEE de fecha (indique la fecha) y, se proceda a dictar nueva resolución, que revocando la anterior, venga a reconocerme mi derecho a la percepción de la protección por desempleo en la modalidad de Renta agraria para trabajadores eventuales agrarios en [PROVINCIA] y la prestación correspondiente

En [PROVINCIA], a [DÍA] de [MES] de [AÑO].

[FIRMA]

Fdo. D./D.ª [NOMBRE CLIENTE].

---

(1) Los motivos que se indiquen en la reclamación previa tienen que ser los mismos que en la futura demanda, sin que en la jurisdicción social puedan introducirse otros motivos salvo que sean hechos nuevos que no hubieran podido haberse conocido con anterioridad. (Art. 72 de la LRJS).

(2) Indique los hechos que motivan su reclamación. A modo de ej.: En la resolución que impugno se dice que no cumplo el requisito de haber estado inscrito en el censo del REASS durante los 12 meses anteriores a la solicitud. Sin embargo, esto no es correcto, ya que con efectos [FECHA] fui dado de alta en el citado censo por [NOMBRE EMPRESA] permaneciendo en él hasta el [FECHA]. Por tanto, el tiempo de permanencia es de [ESPECIFICAR].

(3) Indique la documentación que respalda el cumplimiento del requisito aludido para la denegación. Los requisitos deberán reunirse en la fecha de solicitud de la renta agraria y mantenerse

mientras se tenga el derecho a la renta. Las jornadas reales que hayan sido computadas para obtener el derecho a la renta agraria, cualquiera que sea su número, no podrán computarse para obtener otro derecho a la renta agraria ni para obtener otras prestaciones, subsidios o rentas de protección por desempleo. No obstante, las jornadas que superen las 35 exigidas para obtener la renta agraria podrán computarse para obtener prestaciones por desempleo de nivel contributivo para los trabajadores eventuales del Régimen Especial Agrario de la Seguridad Social. Las jornadas reales que hayan sido computadas para obtener prestaciones por desempleo de nivel contributivo para los trabajadores eventuales del Régimen Especial Agrario de la Seguridad Social o para obtener otras prestaciones, subsidios o rentas de protección por desempleo no podrán computarse para obtener la renta agraria.

(4) A modo de ejemplo: STSJ Andalucía n.º 2298/2018, de 16 de julio de 2018, ECLI:ES:TS-JAND:2018:6972.

Formulario de demanda de despido de trabajador fijo-discontinuo perteneciente al Régimen Especial Agrario por falta de llamamiento

Mediante convenio colectivo o, en su defecto, acuerdo de empresa, se establecerán los criterios objetivos y formales por los que debe regirse el llamamiento de las personas fijas-discontinuas. En todo caso, el llamamiento deberá realizarse por escrito o por otro medio que permita dejar constancia de la debida notificación a la persona interesada con las indicaciones precisas de las condiciones de su incorporación y con una antelación adecuada.

Las personas fijas-discontinuas podrán ejercer las acciones que procedan en caso de incumplimientos relacionados con el llamamiento, iniciándose el plazo para ello desde el momento de la falta de este o desde el momento en que lo conociesen (art. 16 del ET).

JUZGADO DE LO SOCIAL/SECCIÓN DE LO SOCIAL DEL TRIBUNAL DE INSTANCIA DE [LOCALIDAD] (1)

D./D.ª [NOMBRE ABOGADO CLIENTE], abogado/a (graduado social), colegiado con el n.º [NÚMERO COLEGIADO ABOGADO CLIENTE], en nombre y representación de D./D.ª [NOMBRE_CLIENTE], que ostento media copia de [PODER/ APUD ACTA] que adjunto como doc. 1 y con domicilio en [CALLE], a efectos de notificaciones, comparezco ante esta sección de lo social del tribunal de instancia y como mejor proceda en derecho,

DIGO

Que por medio del presente escrito vengo a interponer **DEMANDA DE DESPIDO IMPROCEDENTE** contra la empresa [NOMBRE EMPRESA], domiciliada en [DOMICILIO SOCIAL], en base a los siguientes: **(2)**

HECHOS

PRIMERO.- La parte demandante ha venido prestando sus servicios en la empresa demandada desde el [DÍA] de [MES] de [AÑO], con el grupo profesional de [GRUPO PROFESIONAL] y un salario [ESPECIFICAR] de [CANTIDAD] euros, incluida la prorrata de pagas extras, prestando sus servicios bajo la modalidad contractual de fijo discontinuo, figurando en alta en el Régimen Especial Agrario de la Seguridad Social, como persona trabajadora agrícola por cuenta ajena en el centro de trabajo de [LUGAR CENTRO TRABAJO], en la sección de [ESPECIFICAR], y realizando las funciones de [FUNCIONES TRABAJADOR].

SEGUNDO.- Dado que la empresa demandada se dedica a la actividad de [ESPECIFICAR] y, por tanto, sus actividades son de campaña, fue contratado/a al amparo del artículo 16 del Estatuto de los Trabajadores, aprobado por el Real Decreto Legislativo 2/2015, de 23 de octubre, y siguiendo el artículo n.º [NUM ARTÍCULO] del convenio colectivo de [CONVENIO _ COLECTIVO APLICABLE] aplicable.

TERCERO.- Desde la fecha en que se suscribió el contrato ha sido llamado/a sucesivamente para las campañas de los años [AÑO], [AÑO], [AÑO] y [AÑO], regularmente a comienzos del mes de [MES] de cada uno de los años.

CUARTO.- En el presente año, el/la trabajador/a aún no ha sido llamado a pesar de que la campaña comenzó como cada año el día [DÍA] de [MES] de [AÑO] y habiendo tenido noticias que han sido llamados los trabajadores D./D.ª [NOMBRE TRABAJA-

DOR A] y D./D.ª [NOMBRE TRABAJADOR A], los cuales son igualmente trabajadores fijos-discontinuos de la empresa, tienen la misma categoría que el demandante y la antigüedad de ambos es inferior.

QUINTO.- La actitud de la empresa, supone un auténtico despido y este debe ser calificado como improcedente toda vez que la relación laboral que une al actor con la empresa demandada es de carácter indefinido, puesto que el contrato suscrito entre ambas partes es como trabajador fijo de carácter discontinuo y, por tanto, debe ser llamado y efectivamente ocupado, cada vez que se inicien en la empresa las actividades para las que fue contratado, y en el presente año, estas tuvieron su comienzo el día [DÍA] de [MES], sin que hasta el momento haya sido convocado.

SEXTO.- El demandante no ocupa ni ha ocupado cargo electivo sindical ni está amparado por garantías sindicales dimanantes del ejercicio del mismo.

SÉPTIMO.- Por la parte demandante se ha intentado la conciliación, a través del preceptivo acto ante el SMAC, de acuerdo con el artículo 63 de la Ley de la Jurisdicción Social, teniendo lugar el mismo sin [ESPECIFICAR], según se acredita por medio del certificado adjunto.

A los anteriores hechos, le corresponden los siguientes,

FUNDAMENTOS DE DERECHO

I.- COMPETENCIA

La competencia para el conocimiento de esta pretensión la ostenta la sección de lo social del tribunal de instancia a la que nos dirigimos, tanto por razón de la materia y territorio, así como por la condición de los litigantes, pues así lo establecen los artículos 1, 2.a), 6 y 10 de la Ley 36/2011, de 10 de octubre, reguladora de la Jurisdicción Social.

II.- CAPACIDAD, LEGITIMACIÓN Y REPRESENTACIÓN

Mi poderdante se encuentra capacitado procesalmente como legitimado para interponer la presente demanda, de acuerdo con los artículos 16 y 17 de la Ley de la Jurisdicción Social, así como se encuentra asistido y representado por medio de abogado/a (graduado/a social) de acuerdo con el artículo 18 de la citada norma.

III.- PROCEDIMIENTO

El procedimiento a seguir para el conocimiento de esta demanda será el estipulado en los artículos 103 y siguientes de la Ley de la Jurisdicción Social.

IV.- FONDO DEL ASUNTO

Será de aplicación al caso, el artículo 16 del Estatuto de los Trabajadores, aprobado por el Real Decreto Legislativo 2/2015, de 23 de octubre, regulador del contrato fijo-discontinuo, con especial atención a los siguientes puntos:

«1. El contrato por tiempo indefinido fijo-discontinuo se concertará para la realización de trabajos de naturaleza estacional o vinculados a actividades productivas de temporada, o para el desarrollo de aquellos no tengan dicha naturaleza pero que, siendo de prestación intermitente, tengan periodos de ejecución ciertos, determinados o indeterminados.

El contrato fijo-discontinuo podrá concertarse para el desarrollo de trabajos consistentes en la prestación de servicios en el marco de la ejecución de contratas mercantiles o administrativas que, siendo previsibles, formen parte de la actividad ordinaria de la empresa.

Asimismo, podrá celebrarse un contrato fijo-discontinuo entre una empresa de trabajo temporal y una persona contratada para ser cedida, en los términos previstos en el artículo 10.3 de la Ley 14/1994, de 1 de junio, por la que se regulan las empresas de trabajo. temporal.

(...)

3. Mediante convenio colectivo o, en su defecto, acuerdo de empresa, se establecerán los criterios objetivos y formales por los que debe regirse el llamamiento de las personas fijas-discontinuas. En todo caso, el llamamiento deberá realizarse por escrito o por otro medio que permita dejar constancia de la debida notificación a la persona interesada con las indicaciones precisas de las condiciones de su incorporación y con una antelación adecuada.

Sin perjuicio de lo anterior, la empresa deberá trasladar a la representación legal de las personas trabajadoras, con la suficiente antelación, al inicio de cada año natural, un calendario con las previsiones de llamamiento anual, o, en su caso, semestral, así como los datos de las altas efectivas de las personas fijas discontinuas una vez se produzcan.

Las personas fijas-discontinuas podrán ejercer las acciones que procedan en caso de incumplimientos relacionados con el llamamiento, iniciándose el plazo para ello desde el momento de la falta de este o desde el momento en que la conociesen.

(...)

6. Las personas trabajadoras fijas-discontinuas no podrán sufrir perjuicios por el ejercicio de los derechos de conciliación, ausencias con derecho a reserva de puesto de trabajo y otras causas justificadas en base a derechos reconocidos en la ley o los convenios colectivos.

Las personas trabajadoras fijas-discontinuas tienen derecho a que su antigüedad se calcule teniendo en cuenta toda la duración de la relación laboral y no el tiempo de servicios efectivamente prestados, con la excepción de aquellas condiciones que exijan otro tratamiento en atención a su naturaleza y siempre que responda a criterios de objetividad, proporcionalidad y transparencia». (3)

- El Real Decreto 2/2015, de 23 de octubre, por el que se aprueba el Texto Refundido de la Ley del Estatuto de los Trabajadores y, en particular, sus artículos 54 y el 55, el cual en su apartado primero, establece que el despido deberá ser notificado por escrito al trabajador, haciendo figurar los hechos que lo motivan y la fecha en que tendrá efectos, sin que por parte del empresario se haya efectuado comunicación alguna en este sentido y en su apartado 4, establece que todo despido que no se ajuste a lo establecido en el apartado 1 del mismo artículo será declarado como improcedente y, por último, el artículo 56, que regula los efectos del despido declarado improcedente.

- El convenio colectivo del sector de [CONVENIO_COLECTIVO_APLICABLE], actualmente vigente y publicado en el B.O. [PROVINCIA], con fecha [FECHA] y aplicable a la empresa demandada.

- En relación a la falta de llamamiento de los trabajadores fijos-discontinuos, interesa la STSJ de Galicia, rec. 751/201, de 24 de mayo de 2013, donde, citando entre otras la STSJ de Galicia, rec. 4576/2011, de 31 de enero de 2012, se señala que «(...) el contrato de trabajadores fijos discontinuos regulado en el artículo 15.8 del Estatuto de los Trabajadores/1995 [actual 16.3 del ET/2015] establece que los trabajadores serán llamados en el orden y la forma que se determine en los respectivos convenios colectivos, iniciándose el plazo de cómputo para reclamar frente a la falta de llamamiento, en el momento en que tenga conocimiento de la falta de convocatoria, siendo pues lo que determina que la falta de llamamiento de los trabajadores fijos discontinuos sea constitutiva de extinción de la relación laboral, es que la necesidad de trabajo concurra de forma efectiva y que los trabajadores con derecho a desempeñarlo no puedan *trabajar por no ser llamados o ser pospuestos respecto a otros trabajadores con menor derecho, lo que no ocurre en el presente caso, pues al no ser convocados los cursos no es posible realizar el llamamiento. El proceso de convocatoria y programación de los cursos a impartir por los expertos docentes, depende de las necesidades formativas del mercado laboral, a establecer por el SPEE así como por el Observatorio de Formación Ocupacional, y luego es la Consellería la que aprueba la convocatoria de los cursos, a fin de proceder a la selección de alumnos y de los expertos docentes, por lo que, si se aprecia la no necesidad coyuntural de la realización de las actividades formativas en un momento concreto, o se restringe la financiación, no se procede a la convocatoria de determinados cursos en ese periodo, sin perjuicio de que se convoquen en periodos posteriores y una vez constatadas las nuevas necesidades formativas en la materia y la existencia de financiación. En resumen, lo que ocurre en el presente caso es una reducción de la convocatoria de actividades formativas, que debe inicialmente calificarse de temporal, al haber acaecido tan solo en el presente año 2011, con no convocatoria de los cursos en los que el recurrente venía impartiendo docencia en los últimos años, como experto docente, sin que exista acreditación de cualquier tipo de la voluntad extintiva de la relación laboral por parte del empleador, necesaria para que pudiera considerarse que existe un despido, por lo que debe considerarse interrumpida la relación laboral por lo que el motivo ha de ser desestimado, conclusión de la Sala en sentencia de 30 de noviembre de 2011, (rec. 4335/11)».*

Y la STSJ de Galicia, rec. 4101/2011, de 11 noviembre de 2011, donde se declara lo siguiente:

> «(...) lo que determina que la falta de llamamiento de los trabajadores fijos discontinuos sea constitutiva de extinción de la relación laboral, es que la necesidad de trabajo concurra de forma efectiva y que los trabajadores con derecho a desempeñarlo no puedan trabajar por ser encargados a otra persona distinta, incumpliendo, por tanto, el deber de llamamiento debiendo considerarse despedidos, conforme al art. 15.8 del 15.8 del ET/1995 [actual 16.3 del ET/2015] (...) porque si los cursos que imparten los actores no han sido convocados, al no concurrir la necesidad de que sean impartidos esos cursos no es posible realizar el llamamiento, porque es cierto que se han convocado cursos, y también en centros colaboradores, pero ninguno se esos cursos era de la especialidad de los demandantes, por lo que ni hay falta de convocatoria, ni de llamamiento, ni despido porque la base de la aceptación de los trabajos fijos discontinuos se halla en la circunstancia [SSTS 07/07/03 R. 4185/00; 22/03/04] de que existen trabajos que se repiten de forma cíclica, siendo esa reiteración cíclica [con temporalidad cierta o variable] en la misma actividad las determinantes de tal modalidad especial de fijeza en el trabajo, o con palabras de la primera de dichas sentencias, para apreciar la condición de trabajadores fijos discontinuos ha de acreditarse "el carácter permanente de la actividad, como consecuencia de una necesidad de trabajo de carácter intermitente o cíclico, es decir, a intervalos temporales separados pero reiterados en el tiempo y dotados de una cierta homogeneidad" (SSTS 07/07/03; 22/03/04; 15/07/04)».

Por lo expuesto,

SOLICITO A LA SECCIÓN DE LO SOCIAL DEL TRIBUNAL DE INSTANCIA:

Que, teniendo por presentada esta demanda con sus copias y documentos que se acompañan, la admita a trámite, acuerde señalar día y hora para la celebración de la conciliación previa y, caso de no avenencia, del acto del juicio, y tras de este y de los demás trámites oportunos, concluir dictando sentencia por la que, reconociendo la improcedencia del despido, condene a la demandada a que a su elección, y conforme a lo dispuesto en el artículo 56 del Estatuto de los Trabajadores, proceda a la readmisión del demandante en su puesto de trabajo con las mismas condiciones que tenía antes de producirse el despido, o al pago de la indemnización legalmente establecida, con abono en caso de readmisión, de los salarios dejados de percibir desde el día [DÍA] de [MES] de [AÑO], fecha en que comenzó la campaña y debió ser llamado el actor, pues así procede en derecho y justicia.

OTROSÍ DIGO: a la celebración de la vista del juicio, comparecerá el graduado social, que encabeza la presente demanda, en nombre y representación del demandante, designándose el domicilio de su despacho profesional sito en [LOCALIDAD], C/[CALLE], n.º [NÚMERO] a efectos de citaciones y notificaciones, de acuerdo con lo estipulado en el artículo 21 de la Ley de la Jurisdicción Social.

Por lo que,

SOLICITO A LA SECCIÓN DE LO SOCIAL DEL TRIBUNAL DE INSTANCIA:

Que tenga por hecha dicha manifestación, siendo justicia que reitero.

En [LOCALIDAD], a [DÍA] de [MES] de [AÑO].

[FIRMA]

---

(1) Por la reforma realizada por la LO 1/2025, de 2 de enero, una vez implantados de forma efectiva los tribunales de instancia (D.T. 1.ª), todas las referencias realizadas a los juzgados unipersonales se entenderán realizadas a las secciones del orden jurisdiccional correspondiente de los tribunales de instancia. (editado)

(2) STS n.º 691/2018, de 28 de junio de 2018, ECLI:ES:TS:2018:3046. En caso de falta de llamamiento del trabajador fijo discontinuo procede demanda por despido; no cabe la reclamación vía falta de ocupación efectiva (art. 50 del ET).

(3) Art. 16 del ET con efectos de 30/03/2022.

Formulario de demanda al SPEE ante denegación de la prestación por desempleo en la modalidad de renta agraria

El presente modelo de demanda sirve como base para reclamar ante la jurisdicción social la denegación de la renta agraria por el organismo administrativo.

JUZGADO DE LO SOCIAL/SECCIÓN DE LO SOCIAL DEL TRIBUNAL DE INSTANCIA DE [PROVINCIA] (1)

D./D.ª [NOMBRE DEL LETRADO/GRADUADO SOCIAL], n.º de colegiado [NÚM.] en nombre y representación que ostento y adjunto como doc. 1 por medio de [APUD ACTA/ PODER NOTARIAL] de D./D.ª [NOMBRE INTERESADO/A], con domicilio a efectos de notificaciones en [DOMICILIO], ante la sección de lo social del tribunal de instancia comparezco y como mejor proceda en derecho,

DIGO

Que, por medio del presente escrito, en tiempo y forma, vengo a interponer, en virtud del art. 303 de la LGSS, **DEMANDA DE SOLICITUD DE LA PRESTACIÓN POR DESEMPLEO EN MODALIDAD DE RENTA AGRARIA** contra el SEPE, que deberá ser citada en [DOMICILIO], con fundamento en los siguientes:

HECHOS

PRIMERO.- El demandante prestó servicios para [NOMBRE_EMPRESA], causando alta el [FECHA] para tal empleador en el Régimen Especial Agrario por Cuenta Ajena en virtud de contrato [ESPECIFICAR] formalizado para «[ESPECIFICAR]», con la categoría de [ESPECIFICAR], cotizándose por [JORNADAS REALES_BASES MENSUALES] y con un salario de [CANTIDAD] euros según [CONVENIO_COLECTIVO_APLICABLE].

SEGUNDO.- Con fecha [FECHA] ha dejado de prestar los servicios correspondientes en la empresa [EMPRESA] debido a [ESPECIFICAR].

TERCERO.- Se encuentra en situación de desempleo y no es beneficiario del subsidio establecido por el Real Decreto 5/1997, de 10 de enero, por el que se regula el subsidio por desempleo en favor de los trabajadores eventuales del Régimen Especial Agrario de la Seguridad Social, al no haber sido beneficiarios de dicho subsidio en alguno de los tres años anteriores a la fecha de solicitud, tal y como exige el artículo tercero de la Ley 45/2002, de 12 de diciembre, de medidas urgentes para la reforma del sistema de protección por desempleo y mejora de la ocupabilidad.

CUARTO.- Ha residido y reside en la CCAA de [ANDALUCÍA/EXTREMADURA].

QUINTO.- Con fecha [FECHA] se ha interpuesto solicitud de prestación de renta agraria que ha sido denegada por medio de la resolución [INDICAR NÚM. DE RESOLUCIÓN] por los motivos que se desarrollan a continuación:

- [ESPECIFICAR MOTIVOS].

Se adjunta como doc. 2 copia de solicitud de prestación y como doc. 3, la resolución denegatoria de la misma.

SEXTO.- En virtud del art. 2 del Real Decreto 426/2003, de 11 de abril, cumple con todos los requisitos establecidos en el mismo para ser beneficiario de la renta agraria [ESPECIFICAR]. Adjunto como doc. 4 la documentación correspondiente.

SÉPTIMO.- Mi mandante ha justificado las jornadas reales para poder acceder a la renta agraria, así como carecer de rentas. (Se adjunta como doc. 4 dichos justificantes).

OCTAVO.- Cumplido el trámite de reclamación previa de los arts. 71 y 72 y ante la denegación de la misma, procedemos a interponer la correspondiente demanda.

A los anteriores hechos, le corresponden los siguientes,

FUNDAMENTOS DE DERECHO

I.- JURISDICCIÓN Y COMPETENCIA

Es competente la sección de lo social del tribunal de instancia a la que tengo el honor de dirigirme en virtud de la competencia territorial y funcional de los arts. 10 y 4 de la LRJS, así como en el art. 2.1 o) de la LRJS.

II.- CAPACIDAD Y LEGITIMACIÓN

Los titulares de un derecho subjetivo o un interés legítimo podrán ejercitar acciones ante los órganos jurisdiccionales del orden social, en los términos establecidos en las leyes, y podrán comparecer en juicio en defensa de sus derechos e intereses legítimos quienes se encuentren en el pleno ejercicio de sus derechos civiles, en virtud de los arts. 16 y 17 de la LRJS. Mi mandante tiene capacidad y legitimación para comparecer ante este juzgado.

III.- REPRESENTACIÓN

En virtud de los arts. 18 y 21 de la LRJS, las partes podrán comparecer por sí mismas o conferir su representación a abogado, procurador, graduado social colegiado o cualquier persona que se encuentre en el pleno ejercicio de sus derechos civiles. La representación podrá conferirse mediante poder otorgado por comparecencia ante el secretario judicial o por escritura pública.

El art. 21.2 establece que, si el demandante pretendiese comparecer en el juicio asistido de abogado o representado técnicamente por graduado social colegiado o representado por procurador, lo hará constar en la demanda, en cumplimiento de dicho precepto legal, hago constar que mi mandante me ha conferido su representación para la defensa de sus intereses.

IV.- PROCEDIMIENTO

El procedimiento, al no existir regulación especial, se seguirá conforme a los principios de reglas del proceso ordinario (arts. 76 y ss. de la LRJS). **(2)**

V.- FONDO DEL ASUNTO

El Real Decreto 426/2003, de 11 de abril, crea la prestación específica dentro de la acción protectora por desempleo, denominada renta agraria, destinada a los trabajadores eventuales agrarios que se encuentran en situación de desempleo y no puedan ser beneficiarios del subsidio por desempleo establecido por el Real Decreto 5/1997, de 10 de enero, por el que se regula el subsidio por desempleo en favor de los trabajadores eventuales del Régimen Especial Agrario de la Seguridad Social, al no haber sido beneficiarios de dicho subsidio en alguno de los tres años anteriores a la fecha de solicitud, tal y como exige el artículo tercero de la Ley 45/2002, de 12 de diciembre, de medidas urgentes para la reforma del sistema de protección por desempleo y mejora de la ocupabilidad, este es el caso de mi mandante como se acredita en la prueba documental aportada.

[ESPECIFICAR].

En virtud de lo expuesto,

SUPLICO A LA SECCIÓN DE LO SOCIAL DEL TRIBUNAL DE INSTANCIA:

Que teniendo por presentado este escrito en tiempo y forma, lo admita con las copias que se acompañan y en su virtud, se tenga por interpuesta **DEMANDA DE RECLAMACIÓN DE PRESTACIÓN DE RENTA AGRARIA**, la estime y dicte sentencia concediéndole a mi mandante el subsidio correspondiente a la RENTA AGRARIA con efectos retroactivos desde la fecha que se ha solicitado, procediendo a revocar la resolución de fecha [FECHA] por parte del SEPE por la que se denegaba tal subsidio.

Es justicia que pido que en [PROVINCIA], a [DÍA] de [MES] de [AÑO].

[FIRMA]

OTROSÍ PRIMERO DIGO: Que interesa al derecho de esta parte valerse para la vista de los siguientes medios de prueba:

A) INTERROGATORIO de [ESPECIFICAR].

B) DOCUMENTAL [ESPECIFICAR].

C) [OTROS].

SUPLICO A LA SECCIÓN DE LO SOCIAL DEL TRIBUNAL DE INSTANCIA: que tenga por hecha la manifestación anterior y la admita.

Es justicia que pido que en [PROVINCIA], a [DÍA] de [MES] de [AÑO].

[FIRMA]

OTROSÍ SEGUNDO DIGO: Que interesa al derecho de esta parte que se cite de manera formal por parte del juzgado para la vista a:

- D./D.ª[ESPECIFICAR].

SUPLICO SUPLICO A LA SECCIÓN DE LO SOCIAL DEL TRIBUNAL DE INSTANCIA: que tenga por hecha la manifestación anterior y la admita.

Es justicia que pido que en [PROVINCIA], a [DÍA] de [MES] de [AÑO].

[FIRMA]

---

(1) Por la reforma realizada por la LO 1/2025, de 2 de enero, una vez implantados de forma efectiva los tribunales de instancia (D.T. 1.ª), todas las referencias realizadas a los juzgados unipersonales se entenderán realizadas a las secciones del orden jurisdiccional correspondiente de los tribunales de instancia.

(2) Dispone el artículo 151 de la LRJS en sus apartados 1 a 3 y 5 párrafo primero que «1. De no existir regulación especial, el procedimiento iniciado por demanda en impugnación de los actos administrativos en materia laboral dirigida contra el Estado, Comunidades Autónomas, Entidades Locales u otras Administraciones u Organismos públicos se regirá por los principios y reglas del proceso ordinario laboral, con las especialidades contenidas en esta Sección. En lo no expresamente previsto serán de aplicación las normas reguladoras de la jurisdicción contencioso-administrativa, en cuanto sean compatibles con los principios del proceso social».

Formulario de demanda en materia de incapacidad temporal derivada de enfermedad común en el SETCAA

Mediante el presente modelo, el trabajador agrario por cuenta ajena reclama su derecho a prestación de incapacidad temporal por encontrarse de alta y en periodo de actividad laboral en el momento del accidente no laboral.

JUZGADO DE LO SOCIAL/SECCIÓN DE LO SOCIAL DEL TRIBUNAL DE INSTANCIA DE [LOCALIDAD] (1)

D./D.ª [NOMBRE_LETRADO_O_GRADUADO_SOCIAL], letrado/a (graduado/a social) en ejercicio, y domicilio a efectos de notificaciones en [DOMICILIO], actuando en nombre de [NOMBRE_CLIENTE], representación que acredito con copia de escritura de poder que acompaño, con el ruego de su devolución, testimoniada que lo sea, ante la sección de lo social del tribunal de instancia comparezco y, como mejor proceda en derecho,

DIGO

Que por medio del presente escrito interpongo **DEMANDA SOBRE SEGURIDAD SOCIAL EN MATERIA DE INCAPACIDAD TEMPORAL DERIVADA DE ACCIDENTE NO LABORAL** contra la Mutua [NOMBRE_MUTUA], que deberá ser citada en [DOMICILIO], con fundamento en los siguientes:

HECHOS

PRIMERO.- El demandante prestó servicios para [NOMBRE_EMPRESA], causando alta el [FECHA] para tal empleador en el Régimen Especial Agrario por Cuenta Ajena en virtud de contrato [ESPECIFICAR] formalizado para «[ESPECIFICAR]», con la categoría de [ESPECIFICAR], cotizándose por jornadas reales y con un salario de [CANTIDAD] euros según [CONVENIO_COLECTIVO_APLICABLE].

SEGUNDO.- [NOMBRE_EMPRESA] tiene concertadas con Mutua [NOMBRE_MUTUA] las contingencias de incapacidad temporal derivada de accidente no laboral y enfermedad común.

TERCERO.- Con [FECHA], sobre las [HORA] horas, el demandante sufre un accidente de tráfico del que resultó según atestado policial herido grave [ESPECIFICAR LESIÓN], causando baja médica derivada de accidente no laboral.

CUARTO.- El demandante había prestado servicios para el empleador durante [NÚMERO] jornadas reales en el mes de [MES]/[AÑO] y [NÚMERO] jornadas reales en el mes de [MES]/[AÑO], así como el [DÍA] y [DÍA] de [MES]/[AÑO], cotizándose por tales días (doc. núm. [NÚMERO]).

QUINTO.- Cursó el trabajador baja en la empresa, por finalización de contrato, el día [NÚMERO] (doc. núm. [NÚMERO]).

SEXTO.- Con fecha [FECHA] se solicita de la Mutua [NOMBRE_MUTUA] el pago directo de la prestación de IT, denegándose por la entidad colaboradora el [FECHA] por no hallarse a fecha de baja médica de alta en su empresa.

SÉPTIMO. Disconforme mi representado/a, interpuso reclamación administrativa previa, de conformidad con el artículo 71 de la Ley de la Jurisdicción Social, con fecha de [FECHA]. La misma es desestimada por la Mutua en fecha [FECHA]. (Doc. núm. [NÚMERO] y [NÚMERO]).

A los anteriores hechos son de aplicación los siguientes:

FUNDAMENTOS DE DERECHO

I. JURISDICCIÓN Y COMPETENCIA

El conocimiento y resolución de este litigio viene legalmente atribuido a la sección de lo social del tribunal de instancia a la que me dirijo en virtud de lo dispuesto en los artículos 1, 2 b), 6 y 10.2 a) de la Ley de Jurisdicción Social (LRJS).

II. CAPACIDAD Y LEGITIMACIÓN

Mi poderdante tiene capacidad procesal, según el artículo 16 de la LRJS, estando activamente legitimado, conforme al artículo 17 de la LRJS, en cuanto que titular del derecho subjetivo para el reconocimiento de la prestación de incapacidad temporal.

III. REPRESENTACIÓN Y DEFENSA

Ambas se asumen por letrado en ejercicio, según autoriza el artículo 21 de la LRJS.

IV. EVITACIÓN DEL PROCESO

Ha sido debidamente cumplido el trámite de reclamación administrativa previa en cumplimiento de lo dispuesto en los artículos 71 y 140 de la LJS.

V. PROCESOS EN MATERIA DE SEGURIDAD SOCIAL

Esta demanda se sustanciará por los trámites contenidos en los artículos 140 y ss. de la Ley de Jurisdicción Social, de los que serán de aplicación supletoria los artículos 80 a 101, reguladores del proceso ordinario.

VI. FONDO DEL ASUNTO

Arts. 169, 172 y 256.1, 2, 5 y 6 y 283.2 de la Real Decreto Legislativo 8/2015, de 30 de octubre, por el que se aprueba el texto refundido de la Ley General de la Seguridad Social, para el reconocimiento de las correspondientes prestaciones económicas por IT en el SETCAA.

Como se desprende de la documentación adjunta, la persona trabajadora no se encontraba en situación de inactividad, al constatarse que venía prestando sus servicios laborales de modo normal, las jornadas laborales ordinarias durante los meses anteriores, y durante los dos primeros días del mes de [MES]/[AÑO], y el accidente de tráfico que sufrió ocurrió en domingo, estando en vigor el contrato temporal (que se extinguió el [FECHA]), con previsión de continuación de la actividad laboral efectiva el [FECHA], que no pudo llevar a cabo como consecuencia, precisamente, del accidente sufrido. Al respecto, puede traerse a colación la doctrina jurisprudencial unificada, de la que pueden destacarse las siguientes sentencias:

a) La STS, rec. 2522/2012, de 16 de julio de 2013, ECLI:ES:TS:2013:4395, en la que se indica lo siguiente: *«1) la finalidad de la prestación de incapacidad temporal es sustituir la percepción de rentas de trabajo, por lo que el requisito de prestación de servicios en la fecha de la contingencia ha de referirse a una situación de actividad o trabajo efectivo retribuido y no a una fase de latencia de la relación individual de trabajo; 2) además de contrariar el canon de la interpretación finalista, la tesis de la sentencia recurrida violenta 'el sentido propio de las palabras', porque 'los períodos de prestación de servicios no equivalen a la vigencia de un contrato de trabajo, que puede tener durante su existencia períodos en los que no hay prestación efectiva de trabajo ni percepción de salarios, como ocurre en los supuestos suspensivos del artículo 45 del Estatuto de los Trabajadores y en los períodos de inactividad dentro de un contrato fijo discontinuo»* (STS 26-5-2003, citada); y 3) la exigencia en el Régimen Especial Agrario del requisito de prestación efectiva de servicios en la fecha de la contingencia incapaci-*

tante viene a cumplir el mismo papel que en el Régimen General de la Seguridad Social desempeña el requisito de alta, teniendo en cuenta que en aquel Régimen Especial el requisito de alta no se atiene a las vicisitudes de la actividad laboral, al mantenerse 'en determinadas condiciones' la inscripción en el censo 'durante los períodos de inactividad de los trabajadores agrarios (art. 45.1, 4ª del Reglamento de actos de encuadramiento aprobado por RD 84/1996)' (STS 26-5-2003 citada)». Reitera doctrina STS 3/10/05, recurso 2233/04; 6/6/07, recurso 568/06 y 13/4/09, recurso 84/08.

b) La STS, rec. 568/2006, de 6 de junio de 2007, ECLI:ES:TS:2007:7743, respecto a que: *«La expresión encontrarse prestando servicios por cuenta ajena puede en principio entenderse referida a la efectiva prestación de servicios en el momento de sobrevenir la incapacidad temporal o más ampliamente a la mera vigencia de un vínculo laboral en ese momento. La primera de las interpretaciones es la correcta, siempre que no se entienda en un sentido físico de exigir que se esté realizando materialmente el trabajo en el momento de producirse la baja médica. Lo que el precepto pretende es que la cobertura de la incapacidad temporal se refiera a períodos de actividad laboral, en los que precisamente como consecuencia de esa incapacidad hay una imposibilidad de trabajo y la correlativa pérdida de salarios, que es lo que define la situación protegida»*.

Por todo lo expuesto,

SUPLICO A LA SECCIÓN DE LO SOCIAL DEL TRIBUNAL DE INSTANCIA que, por presentado este escrito en unión de la documentación que al mismo se acompaña y copia de todo ello, se sirva admitirlo, tenga por formulada demanda sobre incapacidad temporal contra la Mutua [NOMBRE_MUTUA], señalar día y hora para la celebración del acto del juicio, reclamando al tiempo a la demandada para que aporte a autos el expediente administrativo y, previos los trámites de rigor, dicte sentencia por la que, estimando la demanda, **se reconozca el derecho a la prestación de IT en el Régimen Especial Agrario de la Seguridad Social con una base reguladora en la cantidad de** [CANTIDAD] **euros**, condenando a dicha demandada a estar y pasar por tal declaración.

Es justicia que pido en [PROVINCIA], a [DÍA] de [MES] de [AÑO].

[FIRMA]

PRIMER OTROSÍ DIGO que intereso el recibimiento del pleito a prueba, proponiendo en este acto, para su práctica en el juicio, los siguientes MEDIOS DE PRUEBA:

1.º Interrogatorio de la empresa demandada en la persona de [NOMBRE], quien deberá ser citado con los apercibimientos legales.

2.º Documental, requiriendo a la empresa demandada para que aporte al acto del juicio los siguientes documentos: a) recibos de salario del actor durante el período [DESCRIPCIÓN] y b) boletines de cotización de igual período.

SUPLICO A LA SECCIÓN DE LO SOCIAL DEL TRIBUNAL DE INSTANCIA que, por propuestos los anteriores medios de prueba, declare su pertinencia y provea su práctica.

Es justicia que pido en [PROVINCIA], a [DÍA] de [MES] de [AÑO].

[FIRMAS]

SEGUNDO OTROSÍ DIGO que al acto del juicio acudiré asistido por el abogado/a (graduado/a social), de acuerdo con lo previsto en el artículo 21 de la Ley de la Jurisdicción Social.

SOLICITO A LA SECCIÓN DE LO SOCIAL DEL TRIBUNAL DE INSTANCIA que tenga por realizada la anterior manifestación.

Es justicia que pido en [PROVINCIA], a [DÍA] de [MES] de [AÑO].

[FIRMAS]

---

(1) Por la reforma realizada por la LO 1/2025, de 2 de enero, una vez implantados de forma efectiva los tribunales de instancia (D.T. 1.ª), todas las referencias realizadas a los juzgados unipersonales se entenderán realizadas a las secciones del orden jurisdiccional correspondiente de los tribunales de instancia.